원어민이
가장 즐겨 쓰는
영어관용표현
200

박은철 글·그림

원어민이 가장 즐겨 쓰는

영어관용표현

200

뜨인돌

● 저자를 처음 만났을 때 그의 학구열과 강한 지적 호기심, 다재다능함, 유머감각, 그리고 세상을 보는 따뜻한 시선이 매우 인상적이었다. 이후 그와의 대화는 늘 즐겁고 유익한 시간이었다. 미국인들의 문화에 유난히 관심이 많던 그가 이디엄(idiom) 원고를 들고 와 여러 차례 함께 이야기를 나눴었는데 이제 책으로 나온다니 참 반갑다. 오랜 시간 폭넓은 자료 수집을 바탕으로 쓴 이 책은 독자들이 영어로 원어민과 대화할 때 멋진 친구가 되어 줄 것이다.

John Barnhill(前 오하이오주 교육장)

● 어릴 때 이민 와서 지금까지 미국에서 살고 있는 나로선 이 책이 현지 미국인들과 대화하거나 이들의 문화를 이해하는 데 얼마나 유용한지 잘 안다. 그냥 술술 읽어 내려가다 보면 절로 공부가 될 것 같다. 무엇보다 정말 재미있다.

Sarah Kim(메릴랜드주 연방공무원)

● 내가 알기로 저자는 분명 '영알못'이었다. 불혹의 나이를 넘어선 지 오래된 어느날, 영어 정복에 도전한다며 훌쩍 미국으로 떠나 놀라게 하더니 이런 신박한 책을 들고 나와 또 한 번 놀라게 만들고 있다. 이 책은 영어와 영미 문화를 설명하는 듯하지만, 샅샅이 보면 그 속에 우리말, 우리 문화를 잘 버무려 내고 있다. 영어는 기본, 그 뒤에 숨은 역사와 문화 그리고 우리 삶까지 이어서 들여다보는 저자의 박식함과 입담, 재치가 담긴 선물 보따리다. 세상에, 내가 그의 저서로 영어 공부를 하게 될 줄이야!

이협희(EBS PD)

● 언어는 단순히 지금 이 순간의 소통을 위해 존재하지 않고, 때로는 그 언어를 사용해 온 사람들의 역사와 문화의 전통을 현재로 불러냅니다. 저는 중학생 시절, 박은철 선생님이 들려주시던 한자어 한 자 한 자에 담긴 흥미롭고 깊은 이야기에 빠져들면서 이 사실을 어렴풋이 깨닫게 되었습니다. 한문도 영어도 낱글자만 의미 없이 따분하게 외우다가, 언어에 담긴 삶의 이야기를 듣게 되면 생동하는 말과 글의 세계에 맞닿는 희열을 맛보게 될 것입니다. 선생님의 한자 수업에 이어 이번 책은 다시 한번 시대와 공간을 넘어서 다른 이들의 삶에, 또 다른 문화에 닿아 볼 수 있게 합니다. 살아 있는 영어를 재미있는 만화로 풀어낼 뿐만 아니라, 영어관용표현과 우리 한자성어를 연결하는 부록까지 있는 이 책은, 더없이 매력적입니다.

이선빈(서울대학교 영문학과 학생)

● 중학교 시절 선생님의 한문 수업은 항상 뭔가 특별함이 있었습니다. 단순한 지식의 전달이 아니라 단 한 글자, 한 문장을 배우더라도 깊은 통찰력을 얻게 해주셨습니다. 특히 만화와 유머를 곁들인 감동적인 수업은 평생 잊지 못할 것입니다. 이번에 나온 영어책은 늘 말씀하셨던 바와 같이 모든 진리와 학문이 하나로 꿰이는 경지를 맛보게 해주는 것 같습니다. 제가 참 존경하는 스승이요, 아빠요 또 절친인 선생님의 책, 강추합니다!

설다슬(동탄국제고등학교 학생)

우리말에는 어느 나라 말 못지않게 풍부한 관용적 표현이 있다.
예를 들어 '함흥차사' '흥청망청' '꿔다 놓은 보릿자루' '구더기 무서워
장 못 담그다' '사람을 들들 볶다' '머리가 굳다' '뒤통수 때리다' 같은
말은 우리말로 외국인들과 대화할 때 쓰기 쉽지 않다. 아무리 한글
을 완벽히 읽고 쓸 줄 안다고 해도 역사와 관습, 문화적 배경을 알지
못하는 외국인들에게는 이해하기 어렵거나 이상하게 들릴 것이기 때
문이다.

유학생 시절, 미국에서 살면서 영어에도 관용적 표현들이 아주 다
양하다는 사실을 알게 되었다. 교과서에는 나오지 않지만 원어민들
이 즐겨 쓰는 그 표현들이 매우 흥미로웠다. 그래서 그중 자주 쓰는
표현들을 찾아 정리해 보리라 마음먹었다. 그러나 생각보다 시간이
많이 걸리고 방대한 작업이었다. 그래도 그들의 역사와 관습, 문화
등에서 나온 말들이라 현지에서 직접 보고 경험한 것이 정리하는 데
큰 도움이 되었다. 그 과정에서 기존의 자료들, 특히 여러 사람들이
검색해 보는 인터넷 자료 중에 내용이 부실하거나 엉터리인 것을 많
이 발견했다.

이 책이 읽는 분들에게 한 가지라도 제대로 된 정보를 드릴 수만 있다면 더 바랄 게 없겠다.

대화를 요리에 비유한다면 관용표현은 밋밋한 음식 재료에 넣는 갖은양념 같은 것이라 할 수 있다. 이 책의 내용들을 익혀 두고 적절하게 사용한다면 원어민과의 대화가 한층 더 맛깔스러워지고 문화적 거리감도 좁혀질 것이다.

정성껏 기획과 편집을 해주신 뜨인돌출판사와 책 내용을 적극 검토하고 조언을 아끼지 않으신 은사 Dr. Denny Hinson, Dr. Mark Brock 교수님, 영어과 Jemimah Roy, Jessica Kim, 신동준, 노유미, 이은영, 임선영, 박진경, 안준길, 민들레, 한연욱 선생님, 김경훈, 유현근 박사님, 뉴욕대학교 Isabella LoRusso 학생, 그리고 둘째 아들 민재에게 고마움을 전한다.

2019. 3
박은철

<u>01</u> At the drop of a hat

즉시, 조금도 지체 없이

대체로 미국 사람들은 친절한데 이들은 처음 보는 낯선 사람들에게도 웃으며 인사를 건넵니다. 그리고 Thank you와 Excuse me는 아무데서나 누구에게나 입버릇처럼 사용하지요. 심지어 누가 재채기를 하면 주변 사람들이 "(God) bless you!"라고 합니다.

이런 문화가 자리잡게 된 데는 여러 요인이 있겠지만 남북전쟁 이후 총기 소지가 자유로워진 것이 주된 이유 중 하나입니다.

서부 개척 시대에는 공권력이 제대로 미치지 못해 총기 때문에 생기는 인명 사고가 잦았습니다. 그러니 낯선 상대에게 사람들은 호의적인 태도를 보일 수밖에 없었겠지요.

서부영화를 보면 무법자들로부터 자신의 신념과 명예, 재산 그리고 가족, 연인을 지키려 사람들이 총을 차고 다닙니다. 그리고 그들은 누군가와 종종 결투를 벌이지요.

결투는 보통 곁에 선 누군가가 모자를 떨어뜨리거나 모자를 잡고 깃발처럼 위에서 아래로 내젓는 동작을 시작 신호로 하였습니다. 그래서 **at the drop of a hat**이 '즉각적으로' '조금도 망설임 없이'라는 뜻이 되었습니다. 모자를 떨어뜨리는 신호를 보자마자 재빨리 먼저 쏴야 하니까요.

미국 내 아일랜드계는 전체 인구의 10%가량을 차지하고 있으며, 미국독립선언에 8인의 아일랜드계 대표들이 서명한 것을 비롯해 앤드류 잭슨, 존 F. 케네디, 로널드 레이건, 버락 오바마 등 22인의 미국 대통령이 아일랜드계 후손으로 알려져 있습니다. 이들은 포크와 컨트리 그리고 웨스턴 음악, 스톡 카레이싱 같은 미국 문화에 두루 영향을 끼쳤는데 모자를 떨어뜨리는 이 신호도 아일랜드인 풍습에서 유래한 것이라고 합니다.

예문

She's ready to leave at the drop of a hat.
그녀는 곧장 떠날 준비가 되어 있다.

This commander will change his mind at the drop of a hat.
이 지휘관은 즉각 그의 마음을 바꿀 것이다.

Tip

성 패트릭 데이(St. Patrick's Day)

아일랜드에 기독교를 전파한 수호성인 패트릭을 기념하는 날. 아일랜드계 국가는 이날이 공휴일이며 미국에서도 여러 곳에서 성대하게 기념식이 벌어진다. 패트릭이 클로버로 삼위일체를 설명했다는 민담에 근거하여 축제 현장은 온통 녹색 물결을 이루는데 시카고에서는 강을 녹색으로 물들이기까지 한다.

22러니 여군 색깔가지고 오바마 성

내 몸에 아일랜드인 녹색 피가 흐른다니

그리스의 옛 이름은 헬라스(Hellas)입니다. 그리스 북부 고대 왕국이었던 마케도니아(Macedonia : 미국인들은 '메세도니아'라고 발음) 알렉산더 대왕의 동방원정(BC 334~323) 이후 헬라어(그리스어)는 개화된 사람들의 세계 공통어가 되었습니다. 신약성경 역시 헬라어로 기록

되었는데 그리스 사람들을 헬라인이라고 부르고 있죠. 헬라를 한자어로 음차한 것이 '희랍(希臘)'으로 예전에는 그리스를 희랍이라고 부르기도 했습니다.

고대 그리스어는 영어를 비롯한 유럽의 여러 언어에 많은 영향을 끼쳤습니다. 그래서 영어권 나라들은 우리가 학교에서 한문을 배우듯이 고전으로 그리스어와 라틴어를 선택과목으로 배웁니다. 하지만 우리가 한자 문화권에 속해 있어도 한자와 한문으로 된 기록들이 어렵게 느끼듯이 영어권의 사람들도 그리스어가 어렵게 느껴져서 It's all Greek to me라는 말이 생겼습니다. 누군가 열심히 무엇을 설명해 줬으나 무슨 말을 하는지 도무지 알아듣지 못할 때 하는 말이죠. 그러면 그리스 사람들은 이런 상황을 무엇이라고 할까요? "It's all Chinese to me."라고 한다네요.

중국어는 세계에서 가장 배우기 어려운 언어 중 하나로 알려져 있으니 그럴 만도 합니다. 중국 사람들은 비슷한 뜻으로 '칸치라이쌍티엔수(看起來像天書, Book from Heaven: 하늘의 신선이 쓴 편지나 책)'라고 말합니다.

What you say is all Greek to me.

네 말은 도대체 이해할 수가 없다.

Smartphones are all Greek to me. What smartphone do you recommend?

스마트폰에 대해서는 잘 몰라요. 하나 추천해 주실래요?

《그리스 로마 신화》에서 나온 영어 단어들

- **멘토**^{Mentor} 좋은 조언자·스승
  오디세우스가 트로이 전쟁에 출전했을 때 이타카의 통치와 아들 텔레마커스의
  교육을 맡긴 믿음직한 친구 이름

- **모르핀**^{Morphine} 마약성 진통제 이름
  잠의 신 '모르페우스^{Morpheus'}

- **뮤지엄**^{Museum} 박물관·미술관
  뮤즈들의 거처

- **시리얼**^{Cereal} 곡물
  곡물의 여신 '세레스^{ceres'}

- **패닉**^{Panic} 극심한 공포
  목신(牧神) '판^{Pan'}. 목신은 엄청나게 큰 소리로 듣는 이들을 공포에 떨게 한다.

- **볼케이노**^{Volcano} 화산
  대장장이의 신 '불카누스(불칸)^{Vulcan'}

<u>03</u> Apple of my eye
소중한 사람, 무엇보다도 귀한 것

우리말에 '금(金)이야 옥(玉)이야' '금지옥엽(金枝玉葉)' '애지중지(愛之重之)' 같은 표현이 있습니다.

영어에 이와 비슷한 뜻으로 apple of my eye가 있습니다. 이것은 구약성경의 신명기 32장 10절에서 유래한 것입니다.

In a desert land he found him, in a barren and howling waste. He shielded him and cared for him; he guarded him as the apple of his eye.

여호와께서 그를 황무지에서, 짐승이 부르짖는 광야에서 만나시고 호위하시며 보호하시며 자기의 눈동자같이 지키셨도다.

apple은 고어에서 눈동자(pupil)를 뜻하였기 때문에 apple of my eye는 '눈동자처럼 매우 사랑스럽고 소중한 사람' 또는 그 무엇보다 아끼는 것을 나타냅니다.

You are the apple of my eye.

당신은 제게 너무나 소중한 존재예요.

My two-year-old daughter is the apple of my eye.

두 살배기 딸은 저에게 이루 말할 수 없이 사랑스럽고 귀한 존재입니다.

<u>04</u> **Beat around the bush**

요점을 말하지 않고 돌려 말하다, 변죽을 울리다

    순우리말 중에서 원래 한자어였던 말들이 꽤 있습니다. 사냥이란 말도 산행(山行)에서 나온 것이지요.

    광활한 영토에 대자연이 곳곳마다 그림처럼 펼쳐져 있는 미국은 '사냥의 천국'이라 불립니다. 사냥은 미국 주류 사회에서 아주 보편화된 레저 스포츠이지요. 지역에 따라 다르지만 곰, 사슴, 멧돼지, 코요테, 토끼, 칠면조, 비둘기, 오리 같은 동물들뿐 아니라 심지어 다람쥐도 사냥의 대상입니다.

예전에 사냥을 할 땐 일꾼들을 고용했는데요. 그들이 나무덤불 속 동물들이 놀라 뛰쳐나오도록 막대기로 그 주변을 두드린 데서 **beat around the bush**가 유래했다고 합니다. 누군가 대화의 핵심을 자꾸 피하려 할 때 이 말을 씁니다.

What's your point? Don't beat around the bush.

요점이 뭐예요? 단도직입적으로 말씀하세요.

Let's not beat around the bush.

자, 말 돌리지 말고 본론으로 들어가자.

미국 대통령 중 조지 부시는 부자(父子)가 같은 이름을 썼다. 우리는 전통적으로 부모님이나 조상의 이름을 쓰는 것을 금기시하지만(이것을 '휘諱한다'고 한다) 미국인들은 조상의 이름을 따서 이름 짓는 것이 자연스럽다. 이것은 자기 가문의 역사를 자랑스럽게 생각한다는 의미이기 때문이다.

또 이들의 성씨는 우리와는 달리 조상의 발상지, 지명, 별명, 가족 관계, 직업 등과 깊이 관련되어 있다.

예를 들어 Ford(나루터), Moore(습지), Newton(새로운 마을), Clinton(언덕마을) 같은 이름이 조상의 발상지에서 나온 성씨이다.

아마도 Bush 가문의 발상지는 덤불 우거진 곳이 아니었을까?

· 신체의 특징에서 나온 성씨

  Kennedy 울퉁불퉁 머리 **Cameron** 굽은 코 **Brown** 갈색머리
  Russell 빨강머리 **Longfellow** 키다리 **Swift** 날렵한

· 조상의 직업에서 나온 성씨

  Hunter 사냥꾼 **Smith** 대장장이 **Baker** 제빵사 **Taylor** 재단사
  Carpenter 목수 **Butcher** 도축업자 **Cooper** 통 제조업자 **Chaplin** 목사
  Marshall 장군 **Carter** 마부 **Shoemaker** 제화공

05 Devil's advocate

회의에서 의도적으로 반대 의견을 말해 열띤 논의를 이끌어내는 사람

대부분의 미대륙 국가들의 기념일엔 '콜럼버스 데이(Columbus Day)'
가 있습니다.

1492년 10월 12일 이탈리아 출신 크리스토퍼 콜럼버스가 스페인
항해단을 이끌고 바하마 제도에 도착한 것을 기념하는 날인데 미국

에서는 매년 10월 둘째 주 월요일이 기념일입니다.

가톨릭 신자들 중에는 건장한 남자가 아기 예수를 어깨에 메고 있는 장면이 새겨져 있는 장식물을 걸어 두거나 혹은 문신으로 새기고 다니는 사람이 있습니다. 이 건장한 남자는 가톨릭의 성인인 크리스토퍼(St. Christopher : '그리스도를 메는 사람'이라는 뜻)인데 여행자와 운전자의 수호성인이지요. 그래서 세계 3대 성당의 하나인 스페인 세비야 대성당에 그의 무덤이 있을 정도로 독실한 가톨릭 신자였던 콜럼버스가 자신의 이름을 크리스토퍼 콜럼버스라고 했던 것입니다.

devil's advocate란 말은 가톨릭 교회의 시성식(諡聖式, canonization : 죽은 교인들 가운데 어떤 이를 공적인 숭배를 받을 만한 가치가 있는 인물로 선언하고, 그의 이름을 공인된 성인聖人 명부에 기록하는 행위) 과정에서 유래했습니다.

악마의 대변인이 아니라, 성인으로 추대된 사람의 행적이나 성품 등을 일부러 집요하게 비판하여 혹시 무능한 사람이 추대되는 것을 견제하는 역할을 맡는 사람을 '신앙의 촉진자, 증성관(證聖官, promoter of the faith)'이라고 하는데 이를 다르게 부르는 말이 바로 devil's advocate입니다. 재판장에서의 검사 같은 역할이라 할 수 있지요.

서양에서는 회의할 때 일부러 devil's advocate 역할을 누군가에게 맡기는 일이 자주 있다고 합니다. 사소한 위험성이나 맹점이라도 미리 짚어 두어 우를 범할 가능성을 최소화하려는 것이지요.

흔히 동사 play를 앞에 붙여 '일부러 반대 의견을 말하다'라는 의미로 많이 씁니다.

Can I play Devil's advocate again?
제가 다시 반대 의견을 말해도 될까요?

The interviewer will often play the devil's advocate in order to get a discussion going.
논의가 이어지게 하기 위해 인터뷰 진행자는 가끔 선의의 비판자 노릇을 할 것이다.

가톨릭에서 교황(敎皇, Pope) 다음가는 높은 직위는 카디널(Cardinal), 우리말로는 추기경이다.

추(樞)는 순우리말로 지도리라고 하는데 여닫이문을 움직이게 만드는 돌쩌귀와 문장부를 합쳐 부르는 말이다. 그리고 기(機)는 세밀한 장치가 되어 있는 기구로 '추기'라 함은 사물의 긴요한 곳, 중요한 기관을 가리키는 말이며 경(卿)은 고대 중국에서 황제를 가까이 모시던 높은 벼슬이다.

Cardinal의 어원이 되는 라틴어의 남성명사 Cardo는 문 지도리, 문 장부, 극, 우주의 축, 중요한 점 등의 뜻을 가지고 있으니 영어를 적절하게 번역한 것.

Cardinal은 수를 나타내는 데 기초가 되는 수인 기수(基數)라는 뜻도 있다.

추기경들은 로마 원로원의 복색에 따라 진홍색 의관을 하기 때문에 '홍의(紅衣) 대주교'라고도 하며 미국 MLB의 세인트루이스 카디널스와 NFL의 애리조나 카디널스의 상징, 핀란드 로비오 엔터테인먼트의 게임 브랜드인 앵그리버드의 모델 홍관조(紅冠鳥, Cardinal)는 수컷의 깃털 색깔이 추기경의 의관과 비슷하기 때문에 붙여진 이름이다.

06 When pigs fly

(일이) 일어날 가능성이 없음

우리말에 절대 일어날 수 없다는 뜻으로 '토끼머리 뿔 날 때'라는 표현이 있죠. 이와 비슷한 영어 표현으로 **When pigs fly**가 있습니다.

수탉이 나라의 상징인 프랑스에는 이와 비슷하게 '닭에게 이빨이 날 때(Quand les poules auront des dents)'라는 말이 있지요.

돼지는 몸무게가 많이 나가고 늘 땅에 납작 붙어서 사는데다가 짧은 목 때문에 하늘을 처다볼 수도 없으니 하늘을 난다는 것은 당연히 불가능한 일입니다. 미야자키 하야오의 애니메이션 〈붉은 돼지〉에서나 가능한 일이지요.

비슷하면서도 어감이 더 강한 표현으로는 when hell freezes over 가 있습니다.

날지 않는 돼지는
그냥 돼지일 뿐이지

Will it happen? Perhaps when pigs fly.

그런 일이 일어날까? 아마 불가능할 거야.

I'll get to it when pigs fly.

내가 해줄게, 돼지가 하늘을 날 때.(그럴 일은 없겠지만.)

<u>07</u> All bark and no bite

행동에 옮기지 않고 말뿐인 것, 허세를 부리는 것, 허장성세(虛張聲勢)

영국 속담에 '짖는 개는 절대 물지 않는다(A barking dog never bites)'
라는 말이 있습니다. 개가 요란하게 짖어 대는 것은 대개 공격하려
는 것보다 공포를 느끼고 경계하는 것입니다. 사실 큰 소리로 짖는
개보다 눈알을 희번득이며 들릴 듯 말 듯 으르렁거리는 개가 더 사납

고 공격성이 강한 경우가 많지요. 그래서 all bark and no bite라고 하면 겁을 먹고 있으면서도 입만 살아 허세를 부린다는 말입니다.

짖는 것은 개의 가장 큰 특징이라 teach a dog to bark는 '공자 앞에서 문자 쓴다' '번데기 앞에서 주름 잡는다' 같은 의미로 쓰입니다.

미국 사람들의 개 사랑은 유별나서 키우는 개를 동물이 아니라 가족의 일원으로 여기는 것이 보편적인 문화입니다. 그중 푸들, 요크셔테리어, 말티즈 같은 소형 애완견들은 주인의 무릎에 앉아 재롱을 부린다고 lap dog, 중형 애완견들은 집을 지킨다고 watch dog, 대형의 사나운 개들은 폐차장 같은 드넓은 곳을 지키는 경우가 많아서 junkyard dog이라고 부릅니다.

그중 아메리칸 핏불테리어(APBT, American Pit Bull Terrier), 로트와

개로 인한
인간사망사고 발생 유발 1위

개
무시 하덜
말어

Pit (투견장)
에서
bull (황소)도
물어뜯는
막강 전투력

Pitbull

28

일러(Rottweiler) 같은 맹견들은 공격성이 강해 반드시 묶어 놓아야 한다는 뜻에서 **bandog**(band+dog)으로 불립니다.

mad dogging은 흥분한 개가 아드레날린이 분비되어 적으로 인식한 대상에 대해 집중 공격을 멈추지 않는 것을 표현한 것입니다.

노예제도가 있을 당시 흑인 노예가 탈출하면 로트와일러를 풀어 놓았다고 합니다. 로트와일러는 상대가 치명상을 입지 않는 한 공격을 멈추지 않지요. 짖는 개가 모두 다 허세를 부리는 것만은 아니니 조심해야 합니다.

Mengoo always says that he will study more, but he's all bark and no bite.

맹구는 늘 공부를 더 한다고 하지만 그건 말뿐이야.

John talks big about how much money he'll make someday, but he's all bark and no bite.

존은 자기가 돈을 많이 벌 거라고 큰소리치지만 그건 허세에 불과해.

08 Sit on the fence

형세를 관망하다, 기회를 살피다, 입장을 유보하다

우리나라에서는 박쥐가 복의 상징이라 가구나 장신구 등에 문양으로 새겨 넣고는 했습니다. 박쥐를 한자어로 편복(蝙蝠)이라고 하는데 이때 복(蝠)이 '복 복(福)' 자와 음이 같아서이지요.

하지만 서양에서는 박쥐를 마녀나 악한 기운을 가져오는 동물로 여겨 왔습니다. 옛날 날짐승과 길짐승 들이 싸움을 벌이면 박쥐는 날짐승들이 이기고 있을 때는 자신은 날개가 있으니 새라며 날짐승들 편에, 길짐승들이 이기고 있을 때는 자신이 네 발이 달리고 젖을 먹여 새끼를 키우니 길짐승이라며 그들 편에 섰지요. 그러다 평화가 찾아오자 자신의 과거 때문에 아무 쪽에도 끼지 못한 박쥐는 어두운 동굴 속에 살게 되었다는 이솝우화는 유명합니다.

박쥐처럼 사태가 돌아가는 형편에 따라 자신의 행동이나 거취를 결정하는 것을 sit on the fence라고 합니다. 울타리나 담(fence)은 서로의 영역을 구분하는 경계선인데 그 위에 앉아 있다는 것은 어느 쪽으로도 움직이지 않고 있다는 뜻이 되니까 말입니다. 이때 sit 대신에 stand, straddle, walk 등을 써도 같은 뜻이 됩니다.

이렇게 하는 사람을 fence sitter, 기회주의자, 회색분자, 중립을 지키는 사람, 즉 opportunist라고 합니다. 그리고 줏대 없이 이리저리 흔들리는 사람은 'weather vane(풍향계)'이라고 부릅니다.

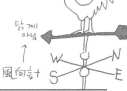

Are you sitting on the fence right now?

너 지금 양다리 걸치고 있는 거야?

When Jane and Tom argue, it is best to sit on the fence and not make either of them angry.

제인과 톰이 말싸움할 땐 중립을 지켜 둘 다 화나지 않게 하는 게 최선이야.

<u>09</u> Don't be a chicken

겁먹지 마, 겁쟁이가 되지 마

  한자문화권에서 닭은 상서로운 동물로 12지 중의 하나입니다. 사악한 기운을 물리치는 신령한 능력을 가지고 있다고 보는 우리나라와는 달리 미국의 닭은 겁쟁이의 상징입니다. chicken head는 '멍청이, 바보'라는 뜻이지요. 또 chicken을 동사로 사용한 chicken out은 '꽁무니를 빼고 달아나다'라는 뜻입니다.

'I'm a big chicken.'이라고 하면 '난 완전 겁쟁이야'라는 의미라 겁 먹지 말라고 할 때 'Don't be a chicken.'이라고 씁니다. 닭이 잘 날지 못할 뿐 아니라 개, 고양이, 너구리, 스컹크, 매 등의 손쉬운 먹잇감이 되기 때문에 이런 말이 나왔을 것입니다.

미디어에서 자주 접하게 되는 용어 중에 '치킨게임(Game of Chicken)'이라는 말이 있습니다. 그것은 1950년대 미국 젊은이들 사이에 유행했던 자동차 게임에서 유래했습니다. 두 차량이 도로 양쪽에 서서 서로를 향해 마주 본 채로 돌진, 충돌 직전에 핸들을 먼저 꺾는 사람이 지게 되는데 이때 패자는 겁쟁이(Chicken)로 낙인이 찍히게 됩니다. 전설적인 영화배우 제임스 딘의 대표작 〈이유 없는 반항〉을 보면 낭떠러지를 향해 서로 달리다 먼저 자동차에서 뛰어내리는 사람이 지는 것으로 나옵니다. 룰은 조금씩 차이가 있어도 잘못되면 모두 크게 다치거나 죽게 되는 위험천만한 게임입니다. 요즘에는 국제관계나 비즈니스 등에서 경쟁상대 양쪽이 양보 없이 극단으로 치닫는 것을 가리키는 말로 쓰입니다.

Don't be such a chicken. Give it a try!
겁쟁이처럼 굴지 말고 한번 해보라니까!

The sky is not falling, so don't be a chicken.
하늘은 무너질 리 없으니 겁먹지 마세요.

겁쟁이란 표현 중에 'Lily (White) liver'라는 것이
있는데 고대 그리스에서 전투 전날 짐승을
잡아 간의 색깔로 길흉을 점치던 풍습이
그 기원. 간이 붉은빛을 띠면 길조, 백합처럼
흰빛이면 흉조였다고 한다. 흰빛의 간을 보면
누구라도 겁을 먹지 않았을까.

영국 아드만 스튜디오의 클레이 애니메이션
〈치킨 런(Chicken Run)〉은 닭농장에서 사육 당하는 닭들이 벌이는 소동극이다. 이
때 run은 중의적인 표현으로 쓰였는데 run은 동사로 '달리다'이지만 명사로 애완동
물이나 가축을 가두어 놓는 좁은 공간, 즉 '우리'라는 뜻도 있다.(chicken run : 닭장,
양계장)

〈치킨 런〉은 닭들이 닭장(run)에 갇혀 있다 인간의 식량이 될 것인가, 아니면 목숨 걸
고 달아날(run) 것인가 치열하게 고민하는 철학적인 내용으로 관객들의 사랑을 많이
받았다.

10 **Backseat driver**
참견하기 좋아하는 사람, 주제넘게 간섭하는 사람

미국은 워낙 넓은 나라라 대도시의 중심이 아닌 이상 자동차 없이 생활한다는 것은 상상하기 힘듭니다. 시장을 보거나 식당에 가려 해도 자동차로 30분 이상 가야 하는 곳이 많아 미국에서의 자동차는 사치품이 아니라 생활필수품에 해당합니다.

그래서 미국 사람들은 자동차가 마치 몸의 일부인 것처럼 아주 가까운 거리도 자동차로 이동하는 경우가 많습니다. 특히 차에 탄 채 편의시설을 이용하는 **Drive-Thru**(Drive-Through) 문화가 보편화되어 있는데요. 패스트푸드점이나 커피숍, 약국뿐 아니라 심지어 은행 업무까지도 이 시스템 이용이 가능합니다.

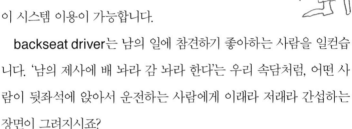

backseat driver는 남의 일에 참견하기 좋아하는 사람을 일컫습니다. '남의 제사에 배 놔라 감 놔라 한다'는 우리 속담처럼, 어떤 사람이 뒷좌석에 앉아서 운전하는 사람에게 이래라 저래라 간섭하는 장면이 그려지시죠?

영어에서 '운전대를 잡다'라는 표현을 **take the wheel** 또는 **be(sit) at the wheel**이라고 합니다. 우리가 흔히 말하는 자동차의 핸들은 영어로 **(steering) wheel**입니다. 영어로 **handle**은 물건의 손잡이, 또는 동사로 '다루다' '처리하다'라는 뜻으로 씁니다. 단 자전거 핸들은 **handlebars**입니다.

Stop being a backseat driver!

이래라 저래라 잔소리 좀 하지 마!

I don't need any backseat driver on this project.

이 프로젝트에 어떤 잔소리꾼도 필요 없어!

차를 잘못 사다, 불량품을 구입하다

세계 최대의 자본주의 국가인 미국은 소비자 문화가 매우 발달했습니다. 반품(return)과 환불(refund)이 너무 쉽고 자연스러워서 웬만한 큰 상점에는 계산대와는 별도로 반품 창구가 따로 있습니다. 심지어 포장을 뜯고 여러 번 사용한 물건들도 기간 내에 가져가면 이

유를 묻지도 않고 전액 환불을 해 줍니다. 이
런 점을 악용하는 얌체 소비자들이 가끔 있
는데 이런 사람을 케이크 위에 장식된 체리
열매만 쏙 빼먹는 것 같다고 해서 cherry
picker라고 합니다.

예능 프로그램에 자주 등장하는 복불
복(福不福) 게임의 대표적인 벌칙
으로 까나리액젓과 레몬즙 마시
기가 있지요.

귤(橘)의 사촌 격인 레몬은 그냥 먹기엔 얼굴이 찌푸려질 정도로
너무 시고, 또 두꺼운 껍질 때문에 겉은 멀쩡해 보여도 속이 썩어 있
는 경우가 종종 있습니다.

그래서 레몬은 구어로 불량품 자동차, 또는 결함상품을 뜻하며
과일 이외의 뜻으로 쓰이면 대부분 부정적인 의미입니다. 사행성
오락기라 할 수 있는 슬롯머신 화면에 레몬 그림이 뜨면 '꽝'이란 뜻
이죠.

차를 샀는데 계속 고장이 날 때 buy a lemon이라는 표현을 씁니다.

Lemon market 싸구려 저급품이 유통되는 시장

Lemon law 새로 구입한 차에 해결 곤란한 문제가 발생하면 소비자가
교환, 환불을 요구할 수 있는 미국 주(州) 법률(주마다 약간
씩 차이가 있다.)

부정적인 의미의 레몬이 들어가는 관용구 중 다음 문장은 다양한 패러디물이 쏟아져 나올 정도로 유명합니다.

When life gives you lemons, make lemonade.
인생이 우리에게 레몬을 주면 레모네이드를 만들어라.

어떤 시련이 있어도 긍정적인 삶의 태도를 가지라는 뜻입니다.

The new car I bought was a complete lemon.
내가 새로 산 그 차는 결함 있는 것이었어.

What would you do if you bought a lemon from an auto dealer?
만약 당신이 자동차 딜러에게서 문제가 있는 차를 샀다면 무엇을 할 것인가?

조각 같은 근육질의 몸과, 머리를 높이 치켜들고 갈기를 휘날리며 초원을 질주하는 말의 강인함과 아름다움은 오랜 세월 인류에게 찬탄의 대상이 되어 왔습니다.

하지만 야생마 같은 행동이 때때로 위험해 보이기도 하지요. 그래서 hold your horse라고 하면 '흥분하지 마'라는 의미가 됩니다. 쇼핑몰이나 에스컬레이터 같은 데에는 No horseplay라고 써 붙여 놓기도 합니다. 이곳에서 장난을 치지 말라는 뜻이죠. horseplay는 주로 활기찬 남자아이들이 심하게 몸으로 장난하는 것을 나타내는데 말들의 역동적인 몸놀림을 보고 지은 말입니다.

이제 시대가 바뀌어 말들은 전투 수행 기능이 없어졌습니다. 대신 이동수단이나 레저 스포츠 등에 이용되고 있지요.

예전 미국 프로야구 메이저리그 시카고 화이트삭스(Whitesox)의 경기장에서 땅을 고르는 롤러를 끌던 말의 이름이 찰리였는데요, 찰리는 절름발이 말이었다고 합니다. 이것이 기원이 되어 운동 중 근육에 경련이 생기는 것, 즉 '쥐가 나는' 것을 영어로 charley horse라 부르게 되었다고 합니다.

Ouch! I just got a charley horse in my leg.
아야! 내 다리에 쥐 났어.

말과 관련된 관용적 표현들

· **Dark horse**

우리말의 복병(伏兵)과 비슷한 뜻의 이 말은 경마에서 유래한 것이다.

경마는 경주마의 과거 성적이나 혈통 등 다양한 데이터를 분석해 배팅을 하는 것이 중요한 스포츠 도박 경기이다. 그러나 뛰어난 능력을 갖추고 있으면서도 잘 알려지지 않은 경주마가 있다면 결과를 예측하기 힘들어진다. Dark는 '어두운, 잘 알려지지 않은, 비밀스러운' 같은 뜻이니 Dark horse는 스포츠나 선거 등에서 뜻밖의 변수로 작용할 가능성이 있는 실력 있는 선수나 후보자를 말한다.

· **Flog / beat a dead horse**

죽은 말에 채찍질하다, 즉 '헛수고하다' '뒷북 치다'라는 뜻.

· Straight from the horse's mouth

확실한 소식통으로부터, 전문가로부터, 또는 '본인으로부터 직접'이라는 뜻.
말은 매년 두 개씩 새로운 영구치가 나는데 사람이 말의 나이를 속이려 해도 이빨 개수를 세어 보면 알 수 있으므로 '말의 나이는 속일 수가 없다'는 사실에서 유래했다.

· Eat like a horse

엄청나게 많이 먹다.(주의: horse 대신 pig를 쓰면 모욕적인 표현이 됨.)

<u>13</u> Go the extra mile

남들의 기대치보다 한층 더 노력하다, 특별히 더 애쓰다

미국에 가 보면 길이, 넓이, 높이, 무게, 부피, 온도 등을 나타내는 단위가 다른 나라들과는 달라서 짐작하는 데 어려움을 겪는 경우가 많습니다.

영국은 산업혁명의 시발점이 되었던 국가로 당시 도량형(度量衡) 단

위가 인치, 피트, 파운드 같은 것들이었습니다. 그 후 국제공통 단위인 미터법 체계가 세워진 이후에도 영국과 미국은 여전히 쓰던 단위를 고수하고 있는데 길이의 단위인 마일(1mile=1.609344km)도 그중의 하나입니다.

우리나라에서도 경우에 따라 자, 근, 되, 말, 평, 돈 등의 전통적인 단위를 쓰고 있는데 미국에서는 그것을 공식적인 단위로 쓴다는 게 다릅니다.

go the extra mile은 신약성경의 유명한 산상수훈에서 유래한 말입니다.

If someone forces you to go one mile, go with him two miles.

'누구든지 너로 억지로 오 리를 가게 하거든 그 사람과 십 리를 동행하고.'
(마태복음 5장 41절)

예수님이 사람들에게 원수를 사랑하라고 하신 말씀이지요.

당시 이스라엘은 로마제국의 속국으로 로마의 법을 따라야 했는데 로마 군인들이 행군할 때면 누구든 차출해서 짐을 지우게 할 수 있는 법이 있었습니다. 그런데 유대인들이 로마 군인들을 매우 싫어했기 때문에 이를 남용할 경우 유대 민중의 불만이 폭발할 위험이 있었습니다. 그래서 로마는 모든 도로에 5리(약 1,000걸음 정도 되는 거리)마다 표지석을 세워 두고 한 사람이 5리 이상 가지 않도록 법으로

규정해 놓았습니다. go the extra mile, 직역하면 '여분의 마일을 더 가라'는 뜻의 이 말은 여기에서 나온 것입니다. 정해진 목표 이상의 일을 수행한다는 의미로 '한층 더 노력하다' '특별히 더욱 애쓰다'라는 뜻입니다.

I wanted to go the mile, so I wrote ten pages for five pages essay.

더 노력하고 싶어서 5상이 필요한 에세이를 10상이나 썼어.

Mark is a nice guy, always ready to go the extra mile for his friends.

마크는 멋진 남자야, 항상 자기 친구들을 위해 특별히 애쓸 준비가 되어 있거든.

<u>14</u> Flea market

벼룩시장, 온갖 중고품을 팔고 사는 만물시장

미국 사람들은 대체로 일회용품을 무절제하게 쓰는 반면, 생활용품은 매우 아껴 쓰고 웬만한 것은 잘 버리지 않는 경향이 있습니다. 그래서 자기 집 마당이나 차고에서 쓰고 남는 물건들을 파는 야드 세일(yard sale), 개러지 세일(garage sale)을 열곤 하지요. 상설 중고품 할인매장인 스리프트 스토어(Thrift store)도 자주 이용합니다.

비싸지 않은 중고 물품들을 사고파는 시장을 flea market이라고 하는데 프랑스에서 유래된 이 말의 기원에는 여러 가지 설이 있지요. 경찰 단속을 피해 다시 돌아오는 길거리 상인들의 동작이 마치 벼룩처럼 재빨라서 그렇다는 설, 프랑스어 puces는 벼룩 또는 적갈색을 나타내기 때문에 적갈색이 된 오래된 가구나 골동품을 파는 시장을 말하게 되었다는 설, 그리고 중고품에는 벼룩이 들끓어서 그런 말이 붙었다는 설도 있습니다.

또 시장 근처에 '벼룩 서커스(Flea Circus)'가 성행했기 때문이라는 유력한 설이 있는데, 벼룩 서커스는 1930년대에 실제로 유행했습니다.

몸 길이가 2~4mm 정도에 불과하지만 자기 몸무게의 2만 배 무게를 움직이는 것이 가능한 벼룩의 힘을 이용해 마차, 자전거, 자동

차 등의 모형을 실제로 끌고 관객들은 그것을 돋보기로 관찰하였습니다. 자기 기술의 정교함을 자랑하려던 시계 제조공들에 의해 시작된 벼룩 서커스는 1960년대까지 미국에서 인기를 끌었습니다.

Madrid is famous for its flea market that opens on Sundays.
스페인의 수도 마드리드는 일요일마다 열리는 벼룩시장으로 유명하다.

I got a vintage dresser for my room from the local flea market.
나는 그 지역 벼룩시장에서 내 방에 둘 빈티지 화장대를 샀다.

15 **Cross your fingers**

행운을 빌다, 성공을 기원하다

선진국이며 기독교의 영향이 강한 미국에도 수많은 미신(迷信, superstition)들이 있는데 예를 들면 이런 것들이 있습니다.

Opening an umbrella indoor is bad luck.

우산을 집 안에 펴놓으면 재수가 없다.

Don't walk under a ladder.

사다리 아래로 지나가지 마라.(재수가 없으니까)

A black cat crossing your path is bad luck.

검은 고양이가 당신이 가는 길을 가로질러 가면 재수가 없다.

Breaking a mirror brings seven years of bad luck.

거울을 깨뜨리면 7년간 재수가 없다.

말뿐 아니라 행동에서도 미신적인 표현을 볼 수 있는데요. 그중 하나가 검지에 중지를 구부려 열십자 모양으로 교차시키는 겁니다. 상대가 잘 되기를 바란다는 의미이지요.

초기 기독교는 대표적 리더인 베드로와 바울이 순교를 당한 것에서 볼 수 있듯이 로마제국으로부터 온갖 형태의 박해를 당하며 순교자들이 줄을 이었습니다. 그래서 그 시절 기독교인들은 비밀조직으로

움직였고 그들만의 수신호를 만들어 사용했습니다. 그중 하나인 손가락을 구부려 십자가를 만드는 손동작을 이후 사람들은 악마나 마녀 같은 것들을 쫓아내는 주술적 힘이 있는 것으로 여겼던 것입니다.

그래서 cross your fingers라고 하면 '행운을 빈다' '뭔가 원하는 방식으로 일이 이루어지길 바란다'는 뜻이 되었습니다. 드라큘라를 물리치는 데 마늘과 태양광선 그리고 십자가를 동원하는 것처럼 말입니다. 하지만 베트남에서는 이런 동작이 욕이라고 합니다.

Americans believe that crossing your fingers brings you luck.
미국인들은 손가락을 교차시면 행운이 온다고 믿는다.

We're crossing our fingers and hoping that the weather stays fine.
우리는 날씨가 화창하기를 빌고 있어.

16 Between a rock and a hard place

선택을 강요당해, 진퇴양난에 빠져서

세계 제일의 경제대국 미국도 역사적으로 여러 번 금융 위기에 봉착한 적이 있는데, 1907년 '**1907 Bankers' Panic**(은행가의 대공황)'도 그중 하나입니다.

이때 미국의 48번째 주 애리조나(Arizona)의 구리광업 회사들이 특

어디로 갈거나~

별히 큰 타격을 입었습니다. 그랜드캐니언 국립공원이 있어 '그랜드캐니언 스테이트'라는 별칭이 있는 애리조나주는 현재도 대규모 노천, 지하광산을 통해 구리가 채굴되고 있으며 미국 구리의 3분의 2를 생산하고 있기 때문에 '쿠퍼 스테이트(Cooper State)'라고도 불립니다. 이 공황기에 애리조나의 비스비(Bisbee) 지역 구리광산 회사 노동자들이 노조를 조직, 임금 인상을 요구했으나 거절당하고 오히려 뉴멕시코 등지로 추방된 일이 있었습니다.

여기서 돌과 단단하게 막힌 곳 사이에 갇혀 있다, 사방이 막혀서 빠져나갈 곳이 없다는 뜻의 between a rock and a hard place라는 말이 나왔는데 우리말의 진퇴양난과 비슷한 뜻입니다. 당시 구리광산 노동자들의 열악한 노동 환경과 처우를 생각해 보면 쉽게 이해할 수 있습니다.

구리광산 광부들 노동환경 너무 구리다

I am caught between a rock and a hard place.

나는 이러지도 저러지도 못할 지경에 처해 있다.

I'm between a rock and a hard place. I don't know what to do.

나는 지금 진퇴양난이야. 뭘 해야 할지 모르겠어.

자주 쓰이는 비슷한 말로 'between the devil and the deep blue sea'가 있다. 배 밑바닥 수리작업에서 나왔다는 설도 있지만 유력한 설은 《그리스 로마 신화》에서 나왔다는 것. 호메로스(Homeros)의 대서사시 〈오디세이(Odyssey)〉에 보면 트로이 전쟁의 영웅 오디세우스(Odysseus)가 귀환하던 도중 이탈리아 시실리 사이의 좁은 해로에서 두 괴물을 만나는 내용이 있는데 한쪽에는 뱀의 형상에 목이 여섯 개가 달린 스킬라(Scylla), 다른 한쪽에는 '바다 소용돌이'인 카리브디스(Charybdis)였다.

<u>17</u> White Elephant
처치 곤란한 애물단지, 쓸모없는

식사준비 다됐습니다 클래식 음악도 준비되어 있으니 우아하게 드소서 순백의 코끼리님

《조선왕조실록》에 보면 태종 때 일본 왕이 조선에 코끼리를 바친 기록이 나옵니다. 이 어마어마한 크기의 동물 코끼리는 지능노 높아 자신을 놀리는 이우라는 관리를 밟아 죽이는 사건을 일으켰습니다. 결국 코끼리는 전라도의 한 섬으로 유배되었는데 어마어마한 양

의 곡식을 먹어 치우는 바람에 사육비를 감당하기 어려워 충청도로 보내졌다가 다시 경상도로 보내지는 등 전국을 떠돌며 살았다고 합니다.

반면 인도에서 흰 코끼리는 신들의 왕인 인드라(Indra)가 타고 다닌다는 동물로 왕권과 성스러움을 상징합니다. 그리고 마야부인(摩耶夫人)은 여섯 개의 상아를 가진 흰 코끼리가 몸으로 들어오는 태몽을 꾼 후 석가모니를 낳았다고 전해집니다.

태국은 대표적인 불교국가라 옛 왕조인 샴 왕국에서도 돌연변이로 태어난 흰색의 코끼리를 매우 신성시 여겼습니다. 황금궁전과 사원을 지어 주고 전속 요리사와 음악가를 붙여 극진히 대접했습니다. 때문에 흰 코끼리를 돌보는 데는 막대한 비용이 들었지요. 그래서 왕들이 마음에 들지 않는 신하에게 흰 코끼리를 하사하여 결국 파산하게 만들었다고 합니다.

이 이야기가 18세기 영국으로 퍼지게 되면서 white elephant는

'비용이나 노력만 들 뿐 별 이득이 없는 귀찮은 것' '소유주에겐 그다지 필요하지 않은 것'이란 영어의 관용적 표현으로 남게 되었습니다.

미국인들은 크리스마스가 다가오면 이벤트로 가족이나 친구, 직장 동료들끼리 선물을 무작위로 고르고 또 빼앗을 수도 있는 독특한 선물교환 파티를 하는데 이것을 White Elephant Game이라고 합니다. 파티에 초대받은 사람들은 가치는 있지만 현재 자기가 잘 쓰지 않는 물건, 즉 흰 코끼리를 각자 선물로 준비해 옵니다.

자선 등을 목적으로 집에서 사용하던 물품을 내다파는 것은 White Elephant Sale이라고 부릅니다.

The new apartment has become an expensive white elephant
그 새 아파트는 돈만 많이 드는 애물단지가 되고 말았다.

There is no white elephant.
쓸모없는 건 없어요.

¹⁸ Pardon / Excuse my French

용서하고 들어 주세요, 말이 심한 것을 이해해 주세요

프랑스(France)를 한자어로 음차한 말이 불란서(佛蘭西)여서 프랑스어(French)를 불어(佛語)라고도 합니다.

1066년 프랑스 노르망디 공국의 윌리엄공이 앵글로색슨족의 잉글랜드를 정복하고 노르만 왕조를 세웠습니다. 잉글랜드의 지배층이

영어를 사용하는 앵글로색슨족이 아니
라 프랑스어를 쓰는 노르만족이 된
것입니다. 이 과정에서 수
많은 불어가 영어화되었습
니다. 그 결과 1731년까지 영
국 법원에서 불어가 공식
언어로 사용되었습니다. 이

렇듯 18~19세기 동안 유럽 전역의 공용어는 영어가 아니고 불어였습
니다.

　현대영어도 불어의 영향을 많이 받았고 특히 학술적, 전문적 분야
의 고급어휘들은 절반가량이 불어에서 유래된 것입니다. 그런데 영
국과 프랑스는 노르만 왕조가 세워지는 과정과 백년전쟁(1337~1453)
을 치르며 서로 앙숙이 되었습니다. 이후 영국인들이 어설픈 불어를
말하거나 하기 싫은 불어를 하며 꺼내던 말이 Pardon/Excuse my
French였는데 점차 너무 심한 얘기나 욕, 난처한 이야기를 할 때 두루
쓰이게 되었습니다. '말을 함부로
해서 미안하다' '나의 말이 좀 지
나쳐서 미안하다'라는 의미입니
다. 이것은 프랑스에 대한 영국인
들의 거부감이나 경멸에서 비롯
된 것입니다.

　또 영어에 dutch가 들어가는

말은 dutch uncle(엄하게 꾸짖는 잔소리꾼), dutch courage(술기운으로 부리는 허세), dutch butter(인조버터 마가린) 등 대부분 부정적인 뜻을 가지고 있습니다. 이것은 해상전에서 네덜란드와 격하게 대립했던 영국의 역사에서 비롯된 표현입니다.

Pardon my French, but get that damn cat out of here!

심하게 얘기해서 미안하지만, 저 망할 고양이 여기서 제발 좀 내보내라!

Pardon me, but could I ask where you bought that dress from?

실례지만, 그 드레스 어디서 샀나요?

불어에서 나온 영어 단어

- **Restaurant** 레스토랑
- **Montage** 몽타주
- **Atelier** 아뜰리에
- **Ballet** 발레
- **Buffet** 뷔페

- **Silhouette** 실루엣
- **Romance** 로맨스
- **Marronnier** 마로니에
- **Vacance** 바캉스
- **Cafe** 카페

예전 성경에 '약대'라고 표기했던 것을 최근 개정판에서 '낙타(駱駝, Camel)'라고 고쳐 놓았습니다.

어려운 한자어들을 순우리말이나 쉬운 용어로 바꾸는 게 보통인데 이것은 오히려 순우리말을 한자어로 바꾸어 놓은 경우지요.

다른 동물들은 생존하기도 어려운 혹독한 기후의 사막에서 낙타는 무거운 짐까지 운반하며 살고 있어 '사막의 배'라고 불립니다. 낙타는 장거리 이동에 경이로운 능력을 발휘합니다. 낮의 찌는 듯한 더위와 밤의 살을 에는 듯한 추위 속에 발목이 쑥쑥 들어가는 모래 위를 걸어서 몇백 킬로미터까지도 이동합니다. 게다가 제대로 먹지도 마시지도 못한 채 200킬로그램에 달하는 무게의 짐까지 싣고 말이지요.

그러나 '참는 데도 한계가 있다'는 말처럼 사람이든 동물이든 심리적으로나 육체적으로 견뎌 낼 수 있는 한계가 존재합니다. 건물이나 육교 등의 다리도 무게를 지탱할 수 있는 한계가 있습니다. 아주 작은 수치 같아도 한계를 넘으면 큰일이 일어나기 쉽습니다.

중동의 속담에 'It's the last straw that breaks the camel's back.(마지막 지푸라기가 낙타의 등을 부러뜨린다)'라는 말이 있는데 이것은 더 이상 견딜 수 없는 상

63

태를 의미합니다. 천하의 낙타라 할지라도 한계를 넘어선 짐은 지푸라기 하나도 견디지 못한다는 말입니다. 그래서 the last straw는 더 이상 견딜 수 없는 한계점을 뜻하게 되었습니다.

이런 것을 critical mass(결정적 무게, 치명적 무게, 임계질량)라고 합니다.

You have been bad to me all day. That's the last straw!
너는 하루 종일 날 못살게 구는구나. 이제 더 이상은 못 참아!

My neighbors have been obnoxiously loud all week, but today was the last straw. I am going to call the police.
우리 이웃집 사람들이 이번 주 내내 얼마나 시끄럽게 구는지 오늘은 도저히 못 참겠어. 경찰서에 신고할 거야.

<u>20</u> Saved by the bell

운 좋게 위기를 넘긴, 뜻밖에 일어난 일로 난처한 상황을 넘기게 된

　미국은 지구상 모든 스포츠의 전시장이라 해도 어색하지 않을 정도로 다양한 스포츠들이 성행하고 있습니다.

　그래서일까요, 영어 숙어 1만여 개 중 3,000개 이상이 직간접적으로 스포츠와 연관이 있다고 합니다. 복싱의 경우 우리나라에서는 예

전에 비하면 비인기 스포츠 종목이 되었지만 미국 내에서의 인기는 여전합니다.

saved by the bell은 이 복싱 경기에서 유래한 것입니다.

복싱에서 한 선수가 다운이 되면 주심이 카운트를 하는데 복싱 룰에 의하면 마지막 라운드를 제외하고는 카운트를 하는 중이라도 벨이 울리면 각자의 코너로 돌아가야 합니다.

경기 중 다운을 당하며 위기에 처했던 선수가 카운트 도중 벨이 울려 KO패를 면하게 되는 상황인 **saved by the bell**은 '어떤 돌발적인 사건 덕택에 곤경에서 벗어나다'라는 의미로 쓰이고 있습니다.

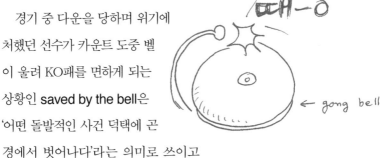

복싱 경기에서 유래한 관용구가 또 있습니다. 열을 셀 때까지 일어나지 못하는 경우에 쓰는 표현입니다.

down for the count   빈털터리가 되어, 쓸모없이 되어, 의식을 잃어

Thomas didn't know the answer to the question, but he was saved by the bell when the teacher was called away from the room.

토머스는 그 질문에 대한 답을 몰랐는데, 마침 선생님이 호출되어 교실을 나가서서 난처한 상황을 면했다.

the real McCoy 진품, 진짜

1800년대 말 미국의 세계 웰터급 챔피언이었던 Kid McCoy가 술집에 갔다가 그의 이름을 사칭하며 시비를 거는 건달을 보고 "내가 바로 Kid McCoy다!"라고 한마디 했다. 하지만 건달은 비웃으며 계속 시비를 걸어 왔다. 이에 화가 난 McCoy가 그를 향해 펀치를 한 대 날리자 건달은 기절했다가 정신이 들고 나서 이렇게 말했다고 한다.

"Yes, that's the real McCoy!"

- **It's an American flying jacket, the real McCoy.**
  이것은 미제 항공 재킷입니다, 진품이죠.

<u>21</u> New kid on the block

신출내기, 신참

고대에서부터 계획도시들은 토지 이용의 효율성을 높이기 위해 바둑판처럼 가로세로를 일정한 간격으로 직각이 되게 만든 '격자(格子, grid)형 구조를 가지는 경우가 많습니다.

block은 건축용 블록, 건물단지 등을 뜻합니다. 건축용 블록 모양처럼 주로 미국, 캐나다에서 도시의 한 구획, 가로(街路)와 가로 사이를 차지하는 한 구역인 가구(街區)를 나타내기도 하지요.

She took the dog for a walk around the block.
그녀는 개를 산책시키느라 그 구역을 한 바퀴 돌았다.

His apartment is three blocks away from the post office.
그의 아파트는 우체국에서 세 구역 떨어져 있다.

막대한 제작비를 들인 대작 영화를 '블록버스터(Blockbuster)'라고 합니다. 세계 2차대전 때 한 구역(block) 전체를 날려 버릴 정도의 위력을 가진 폭탄을 부르던 말에서 유래했지요. 또 특정 블록의 교통을 차단하고 거리에서 벌이는 '신입주민 환영축제'를 block party라고 하는데 음식과 여흥이 제공되고 음악공연이 펼쳐집니다. 이런 형태의 대학 신입생 환영축제도 그렇게 부릅니다.

지역에 새로 이사오거나 그룹에 새로 들어온 사람을 New kid on the block, 즉 NKOB라고 부릅니다.

뉴페이스,
신선한 점은데

NKOB

이 구역의
새 주인공은
나야 나~

1980년대 말에 등장하여 전 세계 보이 밴드의 원조가 된 '뉴키즈온더블록(New Kids on the Block)'이란 인기 그룹이 있었지요.

비슷한 의미로 rookie, newcomer 등이 있습니다.

We have a new kid on the block in our department.

우리 부서에 신참이 하나 들어왔다.

Jeff is the new kid on the block; he doesn't know all the rules yet.

제프는 신참이라 아직 모든 규칙을 다 알지는 못해.

²² Go cold turkey

(음주, 흡연, 약물복용 등의 나쁜 습관을) 갑자기 끊다

칠면조는 북미와 멕시코가 원산지입니다. 지금도 미국의 산과 들에서는 야생 칠면조들이 무리 지어 다니는 모습을 어렵지 않게 볼 수 있습니다.

독특한 생김새의 칠면조(七面鳥)는 모습도 이색적인데, 대머리부터

기다란 목까지 일곱 색깔을 가졌다고 해서 붙여진 이름입니다. '미국 건국의 아버지'로 불리는 벤자민 프랭클린이 국조를 정할 때 칠면조를 강력히 주장했다지요.

칠면조의 영어 이름 turkey는 우리나라와 형제의 나라라 불리는 터키의 국명과 같습니다. 북미산 칠면조를 처음 본 유럽인들은 터키를 통해 유럽에 수입된 서아프리카산 야생뿔닭(guinea fowl)과 비슷하다고 해서 터키라 부르기 시작했습니다.

볼링에서 스트라이크를 세 번 연달아 치는 것도 터키라고 하는데 볼러에게 경품으로 영국에서 먹던 거위 대신 칠면조를 준 것에서 유래했다고 하지요.

미국에서는 3대 명절인 새해 첫날, 추수감사절, 크리스마스에 특별식으로 칠면조 요리를 먹는데 남은 칠면조 고기를 얼려 두고 샌드위치나 샐러드를 만들어 먹기도 합니다.

go cold turkey는 '중독성 있는 나쁜 습관을 단번에 완전히 끊다'라는 의미로 사용됩니다. 약물을 끊으면 금단현상이 생기는데 심한 경우 몸에 오한이 들어서 피부가 닭살처럼 돋는 모습이 냉장고에 넣어 둔 차가운 칠면조 고기 같다고 해서 생긴 말이라고 합니다.

너무 춥거나 공포를 느낄 때 돋는 소름을 '닭살'이라고 하는데 미국에서는 '거위 살(goosebumps)'이라고 하지요.

She used to smoke a pack a day until she go cold turkey.

그녀는 매일 담배 한 갑씩을 피우다 단번에 끊어 버렸어.

The only way for me to stop drinking so much coffee is to go cold turkey.

평소에 커피를 너무 많이 마셔서 나는 단번에 끊을 수밖에 없었어.

23 **Bend over backwards**
각별히 노력하다, 최선을 다하다

스포츠 경기의 흥을 돋우는 치어리딩은 1880년대 프린스턴 대학의 미식축구 경기에서 처음 등장했습니다. 루스벨트, 아이젠하워, 레이건, 부시 등 미국 대통령을 비롯한 정치 지도자들, 그리고 패리스 힐튼, 할 베리, 산드라 블록, 카메론 디아즈, 메릴 스트립, 마돈나 등

유명한 연예인들이 학창 시절 치어리더 출신인 것으로 알려져 있죠.

치어리더들은 대학의 특례입학도 가능하기 때문에 인기와 선망의 대상이 되고 있습니다. 미국 하이틴 드라마나 영화를 보면 치어리더가 학교의 아이돌로 자주 등장합니다.

미국의 거의 모든 학교에는 치어리더 팀이 있습니다. 주로 춤을 위주로 하는 우리나라의 치어리더들과는 달리 미국은 마치 서커스와도 같은 고난도의 동작들을 해야 하기 때문에 아주 어릴 때부터 훈련을 시작하는 경우가 많습니다. 치어리더 학생들은 엄청난 양의 연습량을 소화해야 하는데 잘 안 되는 부분은 사교육을 통해 보완하는 경우도 적지 않습니다.

예를 들어 허리를 등 뒤로 활처럼 꺾은 후 손을 땅에 짚는 동작은 아무나 따라 하기 어려운 것입니다. 관중들의 시선을 끌고 응원으로 힘을 불어넣기 위해 치어리더들은 어떤 고된 연습도 마다하지 않습니다.

그래서 bend over backwards는 어려운 동작을 엄청난 훈련을 통해 해내는 것처럼 '애를 써서 최대한 노력하다' '도움이 되거나 공정하기 위해 무진 애를 쓰다'라는 뜻이 되었습니다.

We will bend over backwards for our customers.

저희는 고객님들을 위해 최선의 노력을 다할 것입니다.

I bent over backwards for you without expecting anything in return.

나는 너를 위해 각별히 애를 썼지만 아무런 대가도 바라진 않았어.

다양한 스포츠가 활발하게 행해지고 있는 미국에서 가장 인기 있는 스포츠는 단연 미식축구(American football)입니다. 미국 미식축구 프로리그인 'NFL(National Football League)'에서는 경기장에 관중이 꽉 차지 않으면 중계방송을 하지 않을 정도이지요. NFL은 AFC와

NFC 양대 리그로 운영되는데 각 리그의 우
승팀이 패권을 놓고 단판승부를 벌이는 슈
퍼볼(Super Bowl) 경기는 매년 1억 명 이상
이 시청하며 미국 전역이 축제 분위기로
들썩일 정도의 상상을 초월하는 인기를
누리고 있습니다. 이처럼 미식축구
는 미국인들의 삶에 깊숙이 녹아
들어 있습니다. 야구가 투수놀음이
라는 말이 있듯이 미식축구에서도 쿼터백은 팀에서 차지하는 비중
이 매우 크고 가장 높은 인기를 누리며 화려한 조명을 받습니다. 쿼
터백이 경기를 조율하고 공격을 이끌어 가는데, 전술을 선수들에게
전달하고 그 전술에 맞게 공을 배급하는 역할을 하기 때문입니다.

NFL에서는 일주일에 한 번 주로 일요일에 경기를 하는데, 사람들
은 월요일이 되면 삼삼오오 모여 전날 경기의 관전 소감을 열심히 나

누곤 합니다.

그럴 때면 경기 전에 선수 기용이나 작전 등의 결과를 이미 알고 있었던 것처럼 전문가 행세를 하는 사람들이 꼭 있기 마련인데 monday morning quarterback이란 그들을 비아냥거리는 말입니다.

'시합이 끝난 다음에야 비평하는 사람, 이미 나온 결과를 가지고 뒤늦게 이러쿵저러쿵 비평하는 사람'이라는 뜻입니다.

말하자면 hindsight(사후 확신, 뒤늦은 지혜)의 일종입니다. 반대말 은 foresight(선견지명, 통찰력)라고 하지요.

할리우드 영화 전성기에 뛰어난 영화제작자로 활동하였던 고(故) 빌리 와일더(Billy Wilder)는 "Hindsight is always twenty-twenty. (사후평가는 언제나 아주 정확하다)"라고 꼬집은 적이 있습니다.

여기서 twenty-twenty는 시력 측정에서 가장 높은 수치를 나타 내는 용어입니다.

He always shows off his knowledge about soccer while Monday morning quarterbacking.
그는 항상 자신의 축구 지식을 경기가 끝난 뒤에 자랑하지.

Monday morning quarterbacks wouldn't change the result.
경기 뒤에 아무리 떠들어 봐도 경기 결과는 바뀌지 않아.

25 There's a method to the madness

이상한 행동에는 다 그럴 만한 이유가 있다

셰익스피어는 영국인들이 인도 전체와도 바꾸지 않겠다고 말할 정도로 자랑스러워하는 대문호입니다. 그의 대표작이라고 할 수 있는 〈햄릿(The Tragedy of Hamlet, Prince of Denmark)〉은 '영문학의 모나리자'라고 불릴 만큼 고도의 문학성과 난해함을 동시에 가지고 있

습니다. 주인공 햄릿은 현대인들이 겪는 존재에 대한 고뇌의 원형으로 자리매김하고 있지요.

내용을 살펴보면 덴마크의 왕자 햄릿은 갑자기 세상을 떠난 후 지상을 떠도는 아버지의 혼령을 만났습니다. 아버지의 뒤를 이어 왕위에 오른 삼촌 클라우디우스가 아버지를 독살하고 어머니 거트루드와 결혼한 것을 알게 된 햄릿은 큰 충격을 받습니다.

그는 아버지의 복수를 결심하고 이를 위해 거짓으로 미친 척 행동합니다. 햄릿의 연인 오필리어의 아버지이자 왕의 측근이며 재상인 폴로니우스는 그 모습을 보고 이렇게 말했습니다.

Through this be madness, yet there is method in it.
이런 미친 짓을 하는 데는 이유가 있을 거야.

There's a method to the madness라는 말이 여기에서 나온 것입니다. 평소에 그럴 사람이 아닌데 이상한 말이나 행동을 하는 경우 '다 그럴 만한 이유가 있다' '알고 보면 좋은 의도로 한 것이다'라고 해석할 수 있습니다.

Clearly, there is a method to Carl's madness.

확실히 칼의 이상한 행동엔 뭔가 이유가 있어.

We thought he was crazy to do it that way, but it turned out that there was a method to his madness.

우리는 그가 정말 이상한 짓을 한다고 생각했는데 거기에는 그럴 만한 이유가 있었다고 밝혀졌다.

<u>26</u> Peeping Tom
훔쳐보기를 즐기는 사람

peeping Tom은 다음과 같은 잉글랜드의 민간전설에서 유래한 말입니다.

11세기 중엽, 잉글랜드 중부에 위치한 코번트리(Coventry)의 영주 레오프릭 3세는 60이 넘은 노인이었으나 16세의 아름다운 고다이바

(Godiva)를 아내로 두고 있었습니다.

그가 엄청난 세금을 거두며 폭정을 일삼자 농노들의 고통이 계속되었고 이를 지켜보던 고다이바는 남편의 정책을 비판하며 세금을 감면해 주기를 여러 차례 간청했습니다. 그러자 그는 어린 아내를 깔보고 이런 제안을 했습니다.

"농노를 향한 그대의 사랑이 진심이라면 직접 몸으로 실천해 보시오. 만약 아무것도 입지 않은 채 말을 타고 영지를 한 바퀴 돈다면 고려해 보겠소."

고다이바는 남편의 말을 행동으로 옮기기로 결심했고 이 소식을 들은 주민들은 감동하여 그녀가 영지를 도는 동안 창문을 가리고 밖을 내다보지 않기로 약속을 했습니다. 고다이바의 용기 있는 행동 덕분에 농노들은 세금을 감면받았고 레오프릭 백작도 선정을 베풀었다고 합니다.

영국 화가 존 콜리어(John Collier)의 명화 〈Lady Godiva〉는 벌거벗고 말을 탄 그녀의 용기와 아름다움을 그린 것이며 세계 3대 명품 초콜릿 제조업체인 Godiva Chocolatier도 그녀의 정신을 아름답게 기려 모델로 삼은 것입니다. 그리고 '고다이바이즘(Godivaism)'은 '오래 전해져 내려오는 관행과 상식에 정면으로 도전하는 정치활동'을 나타냅니다.

그런데 당시 주민들 간의 약속과는 달리 재단사였던 Tom이란 청년이 창문 틈으로 그녀의 모습을 훔쳐보다가 양쪽 눈이 멀게 되었다고 합니다. 여기서 peeping Tom이란 말이 나왔고 관음증 환자, 또는 관음증 자체를 뜻하는 말로 쓰이게 되었습니다.

I thought there was a peeping Tom looking into my room, but it was just a stray cat.
누가 나의 방을 엿보고 있다고 생각했는데, 그것은 길고양이였다.

미국은 사람이 손으로 직접 쓴 것이나 만든 것을 매우 가치 있게 여기는 문화가 남아 있습니다. 그래서 많은 사람들이 생일이나 크리스마스, 다양한 기념일에 손으로 쓴 편지나 카드를 주고받습니다. 또 집에 초대를 받았거나 사소한 도움이나 선물을 받았을 때에도 카드에 손으로 직접 글을 써서 감사를 표합니다. 영문편지를 보낼 때 첫 머리에는 일반적으로 수신자의 이름이나 직책 앞에 'Dear'라는 말을 붙입니다.

'장삼이사(張三李四)'라는 한자성어가 있는데 중국에서 가장 흔한 성들인 장씨와 이씨의 셋째와 넷째 아들, 즉 어디서나 볼 수 있는 흔하고 평범한 사람들이라는 뜻입니다.

미국은 흔한 남자 이름 중 하나가 존(John: 영어 발음으로는 잔에 가깝습니다. 우리가 조엔Joan이라고 하는 이름이 존에 가까운 발음이지요)입니다.

한국전쟁 이후 우리나라에서는 수컷 개 이름을 '쫑'이라고 많이 불렀는데 그 쫑이 바로 John입니다. 참전 미군들 중에 John이란 이름을 가진 병사들이 매우 흔했음을 알 수 있습니다.

세계 2차대전 중 해외에 파병된 남자친구를 기다리던 미국의 여성들은 기약 없는 기다림에 지쳐 갔습니다. 결국 남자친구에게 마지막으로 이별 편지를 보내는데 Dear John으  로 시작하는 경우가 많았지요. 여기서 Dear John letter라는 관용구가 생겨납니다.

반대로 남자가 여자에게 보내는 이별통보 편지는 가장 흔한 여자 이름 중 하나인 제인(Jane)을 따서 Dear Jane letter라고 합니다.

우리말 중 '짚신도 짝이 있다'는 속담과 비슷한 표현으로 'Every Jack has his Jill.(모든 Jack은 Jill이 있다)'이라는 것이 있습니다. Jane,

Jack과 Jill은 J가 들어가는 흔한 이름으로 우리나라의 '갑돌이와 갑순이'쯤 되겠지요.

교제 중이던 상대에게 일방적으로 절교를 통보하는 걸 두고 우리는 흔히 '차버렸다'고 하는데, '차다'와 뜻이 통하는 영어 표현은 dump입니다.

I think that she just got dumped.
내 생각엔 그녀가 차인 것 같습니다.

흙을 가득 싣고 와서 땅에 다 쏟아 버리는 덤프트럭을 떠올리시면 됩니다.

He received a Dear John letter from her.
그는 그녀로부터 이별통보 편지를 받았다.

Did you hear that Younghee sent Cheolsoo a Dear John letter?
넌 영희가 철수에게 이별통보 편지를 보냈다는 소식 들었어?

<u>28</u> Wet blanket

분위기를 깨다, 흥을 깨는 사람

미국은 '파티의 나라'라고 해도 될 만큼 다양한 종류의 파티가 일
상생활 속에서 벌어집니다. 값비싼 드레스와 정장을 갖춰 입고 참석
하는 상류층의 디너파티뿐만 아니라, 가볍고 조촐한 작은 파티들도
많습니다.

미국 사회에 보편화된 독특한 파티들로는 먼저 **Potluck party**가 있는데 각자가 음식을 가지고 와서 서로 나누어 먹는 것입니다. 또 **Wine and Cheese party**는 포도주와 치즈를 먹으며 벌이는 파티인데 손으로 간단히 집어 먹을 수 있는 **finger food**들을 곁들입니다. 그리고 우리나라의 집들이 같은 **Housewarming party**가 있는데 새 집을 따뜻하게 만들어 준다는 의미이지요. '소나기 내리듯 선물을 준다'는 뜻의 **Shower Party**, 결혼을 앞둔 여성에게 열어 주는 여성들의 모임은 **Bridal Shower**, 출산을 앞둔 여성에게 아기용품들을 선물해 주는 모임은 **Baby Shower**라고 합니다.

고등학생들의 졸업파티는 **Prom**(promenade의 줄임말) **party**라고 하는데요. 졸업 후 대학에 가지 않고 바로 사회로 진출하는 학생이 많기 때문에 졸업식과 함께 이 파티를 아주 중요하게 생각하여 성대하게 진행합니다.

미국인들은 이처럼 다양한 파티를 즐기는데 우리와는 문화적 차이가 있습니다. 우리나라의 파티는 멤버로서의 우애 다지기가 중요하다면 미국인들은 개인의 사교가 중심이 됩니다. 친구와 지인들뿐 아니라 불특정 다수의 사람들과 어울리는 미국의 파티 문화를 보면 잘 알 수 있습니다. 그렇지만 어떤 파티든 사교 모임의 성격은 있으므로 주최자는 분위기 조성과 흥을 돋우기 위해 많은 노력을 기울입니다.

그런데 간혹 사람들과 잘 어울릴 줄 몰라 분위기를 어색하게 만드는 사람, 적절하지 않은 말이나 농담으로 주변을 당혹스럽게 만드는

사람이 있지요. 이런 사람을 일러 wet blanket이라고 합니다. 불이 났을 때 물에 적신 담요를 이용해 불을 쉽게 끄듯이 파티처럼 흥겨운 모임 분위기를 일순간에 망쳐 놓는다는 것이죠.

요즘 미국의 젊은 세대는 party pooper라는 표현을 더 많이 씁니다. '파티장에 똥 누는 사람'이라는 뜻입니다.

반대로 흥을 주도하는 분위기 메이커는 life of the party라고 합니다.

He is the life of the party.
그는 분위기를 잘 살리는 사람이야.

She is always wet blanket.
그녀는 늘 분위기를 깬다.

I wanted to go dancing with him, but he was being such a wet blanket.
그와 같이 춤추고 싶었는데, 분위기를 계속 깨더라.

<u>29</u> Under the weather
몸이 아프다, 컨디션이 좋지 않다

나이가 들면 관절이나 근육이 쑤시고 아픈 것을 신호로 날씨를
정확히 예측하게 되는 경우가 많습니다.

weather는 옛날에 폭풍우를 뜻하던 말이었습니다. 일반적인 날씨
라는 뜻뿐 아니라 악천후라는 의미도 담고 있습니다.

under the weather는 under the weather bow에서 'bow(뱃머리)'가 생략된 것입니다. 배를 타고 가다가 악천후를 만나면 파도가 심해 멀미를 하는 등 몸의 상태가 좋지 않았던 사람들의 경험에서 나온 말이지요.

그래서 under the weather는 몸이 심각할 정도는 아니지만 좀 안 좋다. 즉 'I'm not feeling well.'이라는 뜻으로 미국인들이 흔히 쓰는 말입니다.

I am a bit under the weather. I might have a caught a cold.

저 몸이 안 좋아요. 감기 걸렸나 봐요.

Tony is feeling under the weather this morning, so he will not be a attending school today.

토니는 오늘 아침 몸이 안 좋아서 아마 학교에 가지 못할 것 같아.

몸이 아플 때 하는 표현들

- 콧물이 날 때
  I have a runny nose.
- 목이 따가울 때
  I have a sore throat.
- 열이 날 때
  I am running a fever.

- 코가 막혔을 때
  My nose is stuffy.
- 몸이 피곤하고 처질 때
  I feel tired and run down.
- 토할 것 같을 때
  I feel like throwing up.

<u>30</u> Loose cannon
예측 불능의 요주의 인물

미국 남북전쟁 당시만 해도 무기 제조 기술이 그리 발달하지 않아서 해전 중에 대포(cannon)를 여러 차례 발사하고 나면 고정시키는 장치가 느슨해져(loose) 받침대에서 분리되는 경우가 많았습니다. 또 파도가 심하면 그렇게 되기도 했는데 이럴 때 대포가 갑판 위를 굴러다

니며 갑판을 손상시키거나 오
발사고를 내는 경우도 있었습
니다. 그래서 loose cannon
은 통제를 가하지 않으면 얼마
나 피해를 줄지 예측하기 힘든
사람이나 물건, 특히 공인이면
서 돌출행동을 자주 하는 사람을
주로 일컫게 되었습니다.

Teachers call him a loose cannon.

교사들은 그를 요주의 인물이라고 불렀다.

He is a loose cannon in that team.

그는 그 팀에서 요주의 인물이다.

31 Couch potato

소파에 기대어 텔레비전만 보는 사람, 게으름뱅이

최근 미국은 WHO에서 '비만 대국'으로 선정될 만큼 비만 인구가
많아져 사회적으로도 폐해가 심각합니다. 이러한 현상엔 여러 가지
이유가 있겠지만 운동 부족과 나쁜 식습관이 주된 원인으로 꼽힙
니다.

미국은 현재 1,700개가 넘는 지상파 TV 방송국이 있고 케이블 TV 채널도 300개 이상입니다. 그래서 여가시간이나 주말에 couch(혹은 sofa)에 몸을 뉘고 종일 텔레비전을 보는 사람들이 많습니다. 영화를 볼 때 팝콘을 먹듯이 TV를 보며 군것질을 많이 하는데 미국인들이 좋아하는 대표적인 과자가 바로 포테이토칩(potato chip)입니다. 얇게 저민 감자를 기름에 튀긴 짭조름한 이 스낵은 한번 봉지를 뜯으면 다 먹지 않고는 못 배길 정도로 중독성이 있습니다. 대형마트에 가면 수많은 종류의 포테이토칩이 진열되어 있는 것을 볼 수 있습니다.

이런 문화적 배경에서 couch potato라는 말이 나왔습니다. 텔레비전 앞에서 하릴없이 빈둥거리는 게으르고 비활동적인 사람을 일컫는 말입니다. 그런 생활을 계속하다 보면 정말 체형도 감자를 닮아가겠죠.

요즘엔 mouse potato라는 말이 등장했는데 종일 컴퓨터 앞에 앉아 있는 사람을 가리킵니다.

This weekend, do not be a couch potato.

이번 주말에는 TV만 끼고 살지 마.

If there was a prize for the best couch potato, you would win it.

아무것도 하지 않으면서 TV만 보는 사람에게 상을 준다면 최고상은 네 차지가 될 거야.

한국이든 미국이든 사춘기(思春期, puberty) 청소년들은 누구나 질 풍노도의 시기(the storm and stress)를 겪습니다. 특히 이 시기의 소년 들은 사소한 일에도 다투고 주먹다짐을 하는 경우가 많습니다. 미국 은 청소년들도 총기 소지가 쉽기 때문에 최근 들어 10대들이 빈번하게 일으키는 총기 사고가 사회적으로 큰 문젯거리입니다. 그래서 학교에는 경찰관들이 상주하며 학생들을 대상으로 불시에 검문검색을 실시하기도 합니다.

a chip on one's shoulder란 말은 1830년 5월 20일자 〈Long Island Telegraph〉 신문에 나온 기사에서 유래했습니다. 괄괄한 두 소년이 어깨 위에 작은 나뭇조각(chip of wood)을 올려놓고 떨어뜨리라고 한 뒤 떨어뜨리면 그것을 신호로 싸움을 벌였다는 기사 내용입니다. 그래서 have/carry a chip on one's shoulder라는 표현은 부당한 일을 당한 것에 불만을 품고 당장 싸울 듯한, 화가 잔뜩 나 있는 상태를 나타내게 되었습니다.

chip off/of the old block이라는 표현도 있는데 이것은 돌덩이(block)에서 떨어져 나온 작은 부스러기(chip), 즉 기질이나 습관 등이 부모를 빼닮은 자식을 가리키는 말입니다.

Doori is a real chip off the old block.
두리는 정말 자기 아버지를 빼다박았어.

He's got a chip on his shoulder ever since they broke up.
그녀와 헤어진 이후로 그 남자는 화가 단단히 나 있어.

I know I shouldn't, but I have a chip on my shoulder.
그러지 않아야 하는 걸 알지만, 난 지금 매우 화난 상태야.

drive someone up the wall이라고 하면 상대를 지속적으로 짜증 나게 해서 더 이상 참을 수 없는 감정상태(crazy, mad)로 몰고 간다는 뜻입니다. 영국식 표현인 go round the bend와 같은 의미입니다.

'누군가를 뒤로 몰아붙인다'는 말의 유래로 세 가지 설이 있습니다.

1) 상대를 벽 쪽으로 밀어붙이는 것.

2) 장례식 때 관을 교회 마당의 벽 쪽에 두었던 것.

3) 중세 교회에서 일반 성도는 중앙에, 노약자는 벽 쪽 돌의자에 앉게 했던 것.

누군가 자기를 막다른 벽으로 계속 밀어 댄다면 짜증이 나 미칠 것만 같겠지요.

drive someone crazy 또는 drive someone around the bend 라는 표현과 비슷한 뜻입니다.

He kept clicking his pen over and over again it was driving me up the wall.

그가 펜을 자꾸만 딸각거려서 미칠 것 같았어.

His constant knuckle-cracking really drives me up the wall. I wish he'd stop it.

그가 손마디 관절을 자꾸 꺾는 바람에 짜증나 미치겠어요. 좀 그만했으면 좋겠어요.

A taste of
your own medicine

자기가 행한 대로 당하는 보복, 자업자득

    〈이솝 우화〉에 이런 이야기가 있습니다. 한 솜씨 없는 구두 수선공이 장사가 잘 안 되자 구두 수선일을 포기하고 아플 때 먹으면 낫는다는 가짜 만능해독제(universal antidote)를 만들어 명성을 얻었습니다. 그러나 어느 날 자기가 아프게 되자 왕에게 불려가 그 해독제를 마셔 보라는 명령을 듣게 됩니다. 결국 그동안의 사기행각이 탄로 난 것이지요. 이 이야기(<The Cobbler Turned Doctor>)에서 **a taste of your own medicine**이란 말이 나왔습니다. 자기가 남에게 한 나쁜 일을 그대로 당하게 된다는 것이지요.

미국에서는 가벼운 질환 치료에 필요한 약은 약국에서 처방전 없이 자유롭게 살 수 있습니다. 처방전(prescription)도 인쇄된 것만 취급하는 것이 아니라 손으로 쓴 것도 인정하고 심지어 전화로도 처방전을 받을 수 있지요. 또 약국은 모두 프렌차이즈 형태로 운영되며 약뿐 아니라 슈퍼마켓처럼 다양한 생필품과 간단한 먹거리들까지 팔고 있습니다. 게다가 화장품, 향수 같은 여성용품 판매 코너와 사진 현상소까지 운영하고 있는 곳도 많습니다.

대형 마트나 동네 식료품점에서도 약을 살 수 있고 인터넷 구매까지 가능합니다.

우리는 약도 음식처럼 '먹는다'고 표현하지만 영어로 말할 때는 반드시 동사 take를 써야 합니다. take medicine이라고 하지 않고 eat medicine이라고 하면 미국인들은 고개를 갸웃할 겁니다.

tablet, pill, capsul은 알약이며 물약은 liquid medicine입니다. 아주 특별한 경우가 아니면 가루약 처방은 하지 않습니다. 진통제는 pain killer, 해열제는 fever reducer, 그리고 안약은 eye drops입니다. 가정상비약을 넣어 두는 구급상자는 first aid kit라고 하지요.

Laughter is the best medicine.
웃음은 명약이다.

Let the bully have a taste of his own medicine.

남을 괴롭힌 자는 똑같이 당해 보게 하라.

I am giving you a taste of your own medicine.

난 네가 나한테 한 그대로 하는 것뿐이야.

35 Hit the ground running

총력을 다해 일을 시작하다, 성공적으로 일이 잘되어 가다

오늘도
달리고 달리고 달리고
달리고

hit라는 단어는 현재, 과거, 과거분사 모두 **hit**입니다. 그리고 치다, 때리다, 쳐서 날리다, 부딪치다, 명중하다, 덮치다, ~에 이르다, 발표되다 등 다양한 의미를 가진 동사이면서 때론 타격, 대성공, 안타 같은 명사로도 쓰입니다.

영어에는 'hit the + 명사(noun)'로 이루어진 관용적 표현이 많습니다.

hit the road	출발하다, 길을 나서다
hit the dirt	땅바닥에 엎드리다
hit the spot	더할 나위 없이 좋다, 만족시키다, 꼭 맞다
hit the sack	잠자리에 들다
hit the gas	엑셀러레이터를 밟다, 속력을 올리다, 서두르다
hit the book(s)	공부를 열심히 하다
hit the ceiling	화가 머리끝까지 나다

그리고 우리말에 '한판 때린다(대변을 보다)' '농구 한 게임 때린다 (농구 한판 하다)'라는 속어가 있는 것처럼 영어에도 hit the bathroom (용변을 보다), hit the gym(체육관에서 운동하다) 같은 말이 있습니다.

hit the ground running이라고 하면 출발신호를 기다렸다가 출발 하는 것이 아니라 '땅에 발을 내딛자마자 달리기를 시작하다'라는 뜻 으로 '총력을 다하여 빠르게 시작하다' '의욕적으로 시작하다' '일이 성공적으로 잘되어 가다' 등의 뜻을 나타냅니다.

조금 다른 표현으로 (start) from scratch라고 하면 '모든 것을 처 음부터 다시 시작하다' '사전 준비된 것 없이 무(無)에서 시작하다'라 는 뜻입니다.

Alice quit the job and hit the ground running.

앨리스는 직장을 그만두고 새로운 사업을 의욕적으로 시작했다.

They hit the ground running and managed to meet the deadline.

그들은 마감에 맞추려고 처음부터 본격적으로 움직였죠.

<u>36</u> Fat chance
거의 가능성이 없음, 매우 희박한 가능성

'살찐'이란 뜻의 형용사 'fat'에는 크다, 넉넉하다 등의 의미도 있습니다. 그러나 실제 대화에서는 적다, 없다 같은 반어법으로 쓰이기도 하지요. 그래서 fat chance는 no chance보다 훨씬 강한 부정의 뜻이 됩니다.

'**Yeah, right!**'이 단어로는 긍정적인 뜻이지만 '잘도 그렇겠다!'라고 비꼬는 의미로 쓰이는 것처럼 말입니다.

A : He says he can beat you easily. 걔가 널 쉽게 이긴다던데.

B : Ha! Fat chance! 아이고, 턱도 없는 소리!

비슷한 말로 **snowball chance**(지옥 불구덩이에서는 눈뭉치가 만들어질 가능성이 없다)가 있습니다. 그리고 **slim chance**는 특별히 일어나지 않았으면 하는 바람이 담겨 있습니다.

Here is a slim chance that it will rain today.
오늘 비가 안 올 거야.(비가 안 오길 바라는 마음)

My sister told me, "do you really think I will let you borrow my favorite bag? Fat chance!"
언니가 나에게 "내가 좋아하는 가방을 너에게 빌려줄 거 같아? 그럴 리가!"라고 말했어.

It is a fat chance to win a lottery.
복권에 당첨되는 건 거의 가능성이 없다.

<u>37</u> Face the music

자기가 한 일에 책임을 지다, 책임을 회피하지 않고 결과를 받아들이다

세계 1차대전 후 경제대공황(Great Depression)을 겪으며 정신적으로 큰 고통을 받은 미국인들 사이에서 오락성이 강한 대중문화에 대한 갈망이 커져 갔습니다. 그 결과 유럽의 오페라 형식을 띤 미국적 정서의 대중음악극이 크게 유행하게 되었는데 이것이 '20세기 현

대예술의 총화'라 불리는 뮤지컬(musical)입니다. 코미디 요소가 있는 것을 musical comedy, 드라마 위주의 것을 musical play라고 하는데 그것의 줄임말이지요.

뮤지컬이 공연되는 극장의 무대와 객석 사이에는 'Orchestra Pit(오케스트라 구덩이)'이라는 것이 있습니다. 무대의 바닥보다도 구덩이처럼 밑으로 꺼져 있기 때문인데, 뮤지컬은 보통 Orchestra Pit에서 관현악단의 연주를 신호로 공연이 시작됩니다. 공연 전 배우들은 긴장하기 마련이지만 어차피 무대에 올라가야 하기 때문에 음악이 시작되면 마음을 다잡아야 하지요. face the music(이때 face는 직면하다는 뜻의 동사)이라고 하면 불편한 상황이나 시련을 각오할 때 사용하는 표현입니다.

또한 영국의 빅토리아 시대와 미국의 독립전쟁 때는 군대 규율이 엄해서 탈영, 살인, 성폭력 등을 저질러 군대의 명예를 더럽힌 병사들을 북을 쳐서(drum out) 내쫓았다고 합니다.

The disgraced soldier was drummed out of his troop.
불명예스런 그 병사는 부대에서 쫓겨났다.

당시 그런 병사들은 머리를 깎이고 계급장과 군복 그리고 군인으로서의 특권을 빼앗겼습니다. 쫓겨날 때 전우들 앞에서 행진을 해야 했는데 이때 군악대가 북으로 연주하는 '추방 행진곡(Rogue's March)'을 들어야만 했습니다.

I have to face the music because I lost my mother's wallet.

나는 우리 엄마 지갑을 잃어버려서 그 책임을 져야 해.

Nancy was caught cheating in math test and have to face the music.

낸시는 수학시험 시간에 부정행위를 하다 들켜 처벌을 받아야 한다.

He was drummed out of school.

그는 학교에서 퇴학당했다.

38 Cost an arm and a leg

매우 비싸다, 엄청난 돈이 들다

미국은 기본적으로 군인을 예우하는 문화가 발달되어 있습니다.
1973년 베트남에서 철군한 이후 모병제로 전환하여 미국의 군인은
버젓한 직업이 되었고, 국가와 세계평화를 위해 복무하는 군인들에
게 다양한 혜택을 주며 우대하고 있습니다.

그 한 예로, 대부분의 메이저리그는 물론 마이너리그 경기장에서도 경기 중간에 퇴역군인이나 상이군인, 또는 주 소속의 평범한 군인과 가족들을 초청해 관중들에게 소개하는 시간을 갖습니다. 이들은 관중 앞에서 국가를 부르거나 시구 등의 순서를 맡기도 하고 경기장에서 최고의 대접을 받습니다. 그리고 관중들은 그들을 향해 감사와 존경의 표시로 우레와 같은 환호와 박수를 보냅니다.

두 차례에 걸친 세계대전 발발 후 미국의 방송과 언론에서는 참전용사들이 죽거나 또는 팔이나 다리 등 신체의 일부를 잃게 된 비극적인 소식을 대대적으로 전했습니다.

그들이 희생한 대가가 얼마나 큰 것인지 사람들에게 각인이 되기 시작하면서 an arm and a leg는 '매우 값비싼' '엄청나게 많은 돈'을 뜻하게 되었습니다.

My new convertible car cost me an arm and a leg.
내 새 오픈카는 무지 비싸게 주고 샀어.

I didn't buy anything from the shopping mall, because everything cost an arm and a leg.
쇼핑몰에 있는 물건들이 너무 비싸서 난 아무것도 사지 않았어.

<u>39</u> Once in a blue moon

매우 드문, 좀처럼 ~하지 않는

blue moon은 다양한 의미로 사용되고 있습니다.

먼저 달의 공전 주기는 29.5일이고 2.7년마다 한 번씩 한 달에 보름달이 두 번 뜨는 일이 생기는데 '두 번째 보름달(second full moon)'을 blue moon이라고 하는 경우입니다.

이것을 불길하게 생각했던 서양인들이 붙인 말인데 이때 **blue**는 색깔보다는 '새파랗게 질린' '우울한'이라는 뜻의 형용사와 관련이 더 있겠지요.

When I'm stressed or feeling blue, I often go to Italian restaurant and eat.
전 스트레스가 쌓이거나 너무 우울하면 종종 이태리 식당에 가서 먹어요.

blue moon은 '매우 드물게' '아주 가끔씩' 또는 '아주 오랜 기간' 등을 나타내기도 합니다.

화산이 크게 폭발하거나 큰 산불이 일어난 다음에 붉은빛의 회절로 달이 푸르게 보이거나, 공기 속의 재 성분이 하늘을 가려 달이 일시적으로 푸른빛을 띠기도 하는데 이런 일은 좀처럼 보기 힘든 일이라서 그런 뜻이 되었다고도 합니다.

그리고 '터무니없는 것을 믿는다'는 의미로 'Believe that the moon is made of green cheese.'를 씁니다.

Mary's daughter only visits her once in a blue moon.
메리의 딸은 그녀를 거의 찾아오지 않는다.

He seldom goes to the ball park maybe once in a blue moon.
그는 가뭄에 콩 나듯 야구장에 간다.

<u>40</u> On the ball
훤히 꿰고 있는, 유능한

미국에서는 가끔 The Ball이라고 적힌 간판을 볼 수 있는데 구기 종목 운동을 하는 곳이 아니라 무도회장(ballroom) 표시입니다.

'I am having a ball.'이라고 하면 무도회장에 왔다, 즉 '즐거운 시 간을 가지다'는 뜻입니다. ball은 주로 둥근 것과 관련이 있는데 사교

댄스가 주로 엄지발가락의 끝부분 볼록한 곳(ball)으로 춤을 추던 것에서 비롯된 것입니다.

Ball은 특별히 '야구'를 의미하기도 합니다.

You can hear a description of the ball game on the radio.
당신은 라디오로 그 야구경기 중계방송을 들을 수 있습니다.

야구장을 ball park, 야구경기를 시작하는 것을 play ball이라고 합니다.

구기종목 운동을 하는 데 있어서 가장 기본적인 것이 맞힐 때까지 공을 끝까지 지켜보는 것입니다. 공의 변화와 속도가 다양한 야구는 더욱 그래야 하지요. 그래서 'Keep your eye on the ball.'이라고 하면 '경계를 게을리하지 말라' '방심하지 말라'는 뜻이 됩니다.

on the ball은 야구경기에서 '투수가 던지는 공에서 타자가 눈을

떼지 않고 배팅 타이밍을 잘 맞추다'라는 뜻인데 준비성이 철저하고 완벽할 때 씁니다.

야구는 투수가 승부의 7할 이상을 좌지우지합니다. 그래서 뛰어난 투수들은 다양한 구질의 공을 던지며 직구, 커브, 슬라이더, 체인지업 등 자신만의 주무기를 가지고 있습니다. 'Have something on the ball'이라고 하면 '투수의 구질이 다양하고 주무기가 있다'는 말로 '유능하다' '재능이 있다'란 뜻입니다.

> **The company needs a person who has something on the ball.**
> 그 회사는 유능한 사람을 필요로 한다.

그런데 'You are on the ball.'을 'You are on the balls.'라고 하면 큰 실례가 됩니다. 왜냐하면 'balls'는 '고환'의 뜻도 있으므로 여성은 물론 남성에게도 조심해야 합니다.

Jane was always on the ball.
제인은 항상 빈틈이 없었다.

I was not on the ball yesterday because I was so sick.
어제는 너무 아파서 집중할 수가 없었어.

⁴¹ High as a kite
잔뜩 취해서, 매우 즐겁고 신이 난

연날리기는 동양이든 서양이든 어린아이들이 매우 좋아하는 놀이
입니다. 그래서 몹시 바쁠 때 누가 방해라도 하면 "Go fly a kite.(나가
놀아, 귀찮게 하지 말고)"라고 하는데, '나가서 연이나 날리며 놀아!'라
는 뜻입니다.

'연(鳶)'은 '새 조(鳥) 자'가 들어가 맹금류인 솔개를 의미하며 영어에서도 kite는 솔개입니다. 장난감 연이 솔개와 같은 글자를 쓰게 된 것은 솔개의 비행 습성 때문입니다. 솔개는 먹잇감을 노릴 때 글라이더처럼 공중을 빙빙 선회하거나 거센 바람 속에서도 오랫동안 정지비행을 하는데 이 모습이 마치 연이 날거나 하늘에 떠 있는 것과 비슷하기 때문입니다.

우리가 기분 좋을 때 흔히 '구름 위를 걷는 기분이다' '하늘을 나는 것 같다'고 하듯이 미국 사람들도 비슷한 표현을 씁니다.

I'm walking in the air.

I'm high as a kite.

high as a kite는 '잔뜩 취하여' '몽롱하여'라는 뜻도 있습니다.

I drank beer until I got as high as a kite.
나는 코가 비뚤어질 때까지 맥주를 마셨어.

I was as high as a kite when I heard I'd got the job.
내가 취업에 성공했을 때 하늘을 나는 것 같았어.

I felt as high as a kite after my fiance agreed to marry me.
나의 연인이 결혼에 동의했을 때 나는 하늘을 나는 기분이었어.

42 Back to square one

다시 원점으로 되돌아가다

우리나라에서는 설 명절에 많은 가정에서 윷놀이를 즐깁니다. 사실 윷놀이는 우주 일주 보드게임입니다. 윷판은 28개의 별자리로 28수(宿)를 나타낸 우주 모형이지요. 우리는 명절 때만 이 놀이를 즐기지만 미국 사람들은 남녀노소가 평상시에도 매우 다양한 형태의 보드게임을 하며 놉니다.

그중 우리나라에도 널리 알려진 '뱀 주사위 놀이'가 있습니다.

주사위를 굴려 나온 눈(square)만큼 게임 말을 전진시키고 100번째 칸에 도달하면 승리하는 게임이지요.

사다리가 그려진 칸에 걸리면 사다리를 타고 위의 칸으로 한 번에 올라가지만 뱀이나 미끄럼틀이 있는 칸에 걸리게 되면 아래의 칸으로 내려와야 하는 게임이라 영어로는 **Snakes and Ladders**라고 합니다.

그래서 **back to square one**은 뱀 주사위 보드게임에서 말이 나아가다가 '맨 처음(one) 눈(square)으로 떨어져 내렸다'는 뜻으로 '다시 원점으로 되돌아가다'는 의미가 되었습니다.

협상이 결렬되었거나 어떤 일이 다시 원점으로 돌아가게 되었을 때 등 주로 부정적인 의미로 사용됩니다.

Are you telling me we're back to square one?

네 말은 우리가 원점에서부터 다시 시작해야 한다는 거니?

If the plan fails, we will be back to square one.

만약 그 계획이 실패하면, 우리는 다시 원점으로 돌아갈 것이다.

<u>43</u> Ring a bell
들어 본 적이 있는 것 같다, 낯이 익다, 기억나게 하다

제정 러시아의 생리학자 파블로프(1849~1936)는 인간의 학습과정
을 설명하면서 행동주의 이론을 주장하였습니다. 우리가 잘 아는 '조
건반사 실험'이 바로 그것이지요. 종을 치고 개에게 먹이를 주었더니
나중엔 종소리만 듣고도 개가 침을 흘렸다는 유명한 실험입니다. 그

는 모든 반응이 자극에 의해 유발된다고 하였습니다. ring a bell은 여기서 나온 말인데요, '기억나게 하다' '들어 본 적이 있는 것 같다'는 뜻으로 사용됩니다. 종을 울리는 것은 누군가에게 잊고 있는 기억을 떠올리게 하거나 어떤 행동을 시작하게 만드는 역할을 하기 때문입니다.

Does it ring a bell to you?

너 이거 늘어 본 적 있지?

Her name might not ring a bell, but you certainly have seen her on a movie before.

그녀의 이름은 기억이 안 날지 모르지만, 넌 분명 그녀의 모습을 영화에서 봤을 거야.

미국은 1776년 독립선언 후 1783년 파리조약에서 독립이 승인되기까지 자체적인 화폐 없이 영국, 스페인, 프랑스 등 외국의 화폐를 사용했습니다. 특이하게도 아메리카 인디언들과는 조가비 화폐, 유리구슬, 비버 모피 같은 것들과 사슴 가죽을 화폐로 사용했습니다.

이후 1785년 미국 의회에서 당시 세계 최강 통화였던 스페인 은화 '다레라'의 영어식 발음인 '달러(dollar)'를 공식화폐 단위로 결정했습니다.

달러의 기호가 D가 아닌 S에 세로줄이 그어진 이유는 스페인 은화 문장에 새겨진 헤라클레스의 두 기둥을 감고 있는 S자 모양의 장식 때문입니다.

영어로 사슴인 deer는 단수형과 복수형이 같습니다. 암사슴을 doe, 수사슴을 buck이라고 하는데, 뿔 달린 buck은 가죽뿐 아니라 장식용으로도 매우 가치가 있어 미국 역사 초기 인디언들과 물물교환을 할 때 수사슴 가죽이 화폐의 기능을 하기도 했습니다. 이 때문에 달러의 별칭으로 buck이 사용되며 액수가 적은 금액에는 달러보다 buck을 더 많이 씁니다.

그래서 look like a million bucks라고 하면 상대방의 외

모나 분위기가 아주 멋져 보일 때 칭찬하는 것으로 '백만 달러라는 엄청난 액수만큼 아주 멋져 보인다'는 뜻입니다. 영화 〈말아톤〉에서 자폐증을 앓고 있는 주인공 소년에게 엄마가 "초원이 다리는?" 하고 물으면 "백만 불짜리"라고 대답하는 장면이 나옵니다. 우리가 무언가에 '백만 불짜리'라고 하는 수식어를 붙여 말하는 경우 look like a million bucks와 같은 뜻이 되는 거지요.

달러를 '불(弗)'이라고 하는 것은 달러 기호와 불(弗)이라는 한자가 모양이 비슷해서 그렇게 부르게 되었습니다.

기분이라면 feel like a million bucks를, 사람이나 물건이라면 look like a million bucks를 씁니다.

They say the clothes make the man, and yes, you look like a million bucks.
옷이 날개라더니 너 정말 멋지구나.

I feel like a million bucks.
저 지금 기분이 최고예요.

<u>45</u> **Break a leg**

행운을 빌어

미래에 대한 불확실성이 높을수록 미신도 많아집니다.

옛날 '유아 사망률'이 높았던 시기, 자식의 이름을 너무 멋지게 지으면 귀한 자식인 줄 알고 저승사자가 일찍 데려간다고 믿고 일부러 '개똥이' '언년이' 같은 천한 이름으로 부르던 풍습처럼 말입니다.

극장은 현실세계를 벗어난 환상과 마법의 공간이라 미신, 금기, 징크스가 많습니다. '극(劇) 자'를 봐도 호랑이(虎)와 돼지(豕)가 칼(刀)을 들고 싸운다는 비현실적인 의미를 담고 있지 않습니까.

break a leg는 '다리나 부러져라'라는 의미가 아니라 '행운(성공)을 빌어'라는 뜻인데 독일 연극계에서 유래했다고 합니다. 불운을 가져오는 악마가 모든 말을 다 듣고 있으므로 반대로 말해야 행운이 온다는 오랜 속설을 따른 표현입니다.

그래서 무대에 오르는 동료 연기자에게 "Good luck, Have a great show!"라고 하지 않습니다. 또 극장 안에서는 휘파람을 불지 않으며, 리허설 때 연극 마지막 대사를 읊조리지 않지요.

leg는 극장에서 무대의 커튼을 열고 닫는 기계장치를 뜻하기도 하는데요, 멋진 공연으로 커튼콜을 많이 받아서 커튼이 부러질 만큼 성공하라는 뜻이라고도 합니다. 요즘은 비단 무대에서뿐 아니라 행운을 빌어 주고 싶은 누구에게나 쓸 수 있습니다.

많은 사람들의 주목을 받을 때 '각광(脚光)을 받는다'고 합니다. '각광'은 다리 각, 빛 광'입니다. 이것은 무대 전면의 아래쪽, 즉 배우의 밑에서 배우를 비춰 주는 불빛 'footlight'를 직역한 말입니다.

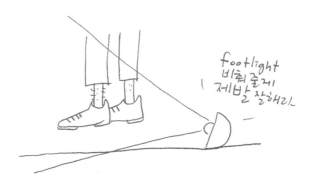

footlight
비춰줄게
제발 잘해라

I hope you break a leg.

나는 네가 잘되길 빌어.

Break a leg, I know you can do it.

힘내, 나는 네가 그것을 할 수 있다는 걸 알아.

⁴⁶ Let the cat out of the bag
무심결에 비밀을 누설하다

앞 공중3회전

트리플액셀 !!!

세계에서 가장 멋진 도시 중 하나인 미국의 뉴욕은 세계 음식의
전시장입니다. 이곳에 가면 세계 각국의 다양한 음식을 맛볼 수 있
는데 대표적인 길거리 음식인 '할랄푸드(Halal food)'도 그중의 하나입
니다. 이슬람 계율에 따라 가공해 무슬림이 먹을 수 있도록 허용된

식품을 '할랄푸드'라고 합니다.

할랄푸드의 모든 육식 재료는 동물의 머리를 메카로 향하게 한 후 고통을 최소화하기 위해 단칼에 내려친 것만을 사용하며 모든 피는 빼내야 합니다. 돼지고기나 그 성분이 들어간 원료는 사용할 수 없으며 심지어 돼지고기를 담았던 그릇조차도 쓰지 않습니다.

18세기 남부 유럽이 이슬람의 지배를 받았을 때 무슬림은 부정한 음식으로 낙인찍힌 돼지고기를 팔고 사는 것을 금지시켰다고 합니다.

하지만 맛있는 돼지고기를 포기할 수 없었던 사람들은 감시를 피해 암시장(black market)에서 야밤에 돼지고기 밀매매를 하였습니다. 이때 들키지 않기 위해 자루(bag)에다 새끼돼지를 넣어 주고받았는데 가끔

고양이를 넣어서 속여 파는 상인들도 있었다지요. 그들은 새끼돼지
가 뛰쳐나갈지 모른다고 거짓말하며 자루 풀기를 거절하였습니다.
물론 자루를 열자마자 고양이가 뛰쳐나갔겠지요.

Buy a pig in a poke(bag). 잘 살펴보지도 않고 물건을 사다.

그래서 let the cat out of the bag이라고 하면 '무심결에 비밀을 누
설하다'는 뜻이 되었습니다. spill the beans도 비슷한 뜻입니다.

**We wanted it to be a surprise, but Jessica let the cat out of
the bag.**
우리는 깜짝파티를 준비했지만 제시카가 실수로 말을 해버렸어.

**If your friends tell you their secrets, never let the cat out of
the bag.**
만약 당신의 친구들이 당신에게 그들의 비밀을 말하면 절대 누설하지 마세요.

47 Cat got your tongue

왜 말을 못 하죠?

니 혀 내가
가져가니
알아서 혀

미국에서 고양이를 키우는 가정이 전체 가정의 30%가 넘고 개체
수도 개보다 많습니다.

고양이는 탁월한 운동신경을 가지고 있고 호기심이 많은 동물입
니다. 때론 그 호기심이 지나쳐서 곤경에 처하는 수가 있기 때문에

'Curiosity killed the cat.(호기심이 고양이를 죽였다)'이란 말이 나왔습니다. 고양이가 사냥하는 모습을 보면 먹잇감이 눈치 채지

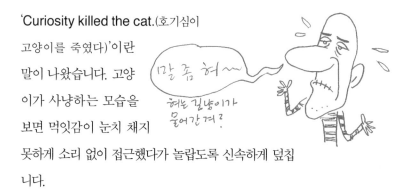

못하게 소리 없이 접근했다가 놀랍도록 신속하게 덮칩니다.

누가 어떤 물음에 대답을 못 하고 있을 때 "Has the cat got your tongue?(고양이가 네 혀를 물고 가 버렸니? = 왜 아무 말도 못 해? 꿀 먹은 벙어리냐?)"라고 하는데 날아가는 새도 잡을 만큼 뛰어난 고양이의 사냥술에서 탄생한 말입니다. 참고로 이 말은 아랫사람이나 또래 친구에게만 사용할 수 있습니다.

그리고 'It's on the tip of my tongue.'라고 하면 '그것이 내 혀끝에 있다'라는 뜻으로 이름이나 단어가 기억이 날 듯 말 듯 할 때 쓰는 말입니다.

Cat got your tongue? Speak it out.
왜 아무 말도 안 하고 있니? 말 좀 해 봐.

I could not speak a single word, acting like a cat got my tongue.
난 꿀 먹은 벙어리처럼 단 한 마디도 말할 수 없었어.

⁴⁸ Hit the nail on the head

핵심을 찌르다, 적절한 말을 하다

정 자세
정 조준

nail을 잘못 때리면
검붉은 색으로
nail art 할수 있으니

우리말에 '정곡(正鵠)을 찌르다'는 표현이 있습니다. 이때 '곡(鵠)'은
과녁의 가운데를 말하므로 화살을 쏘아 과녁의 정중앙을 맞히는 것
입니다. '핵심을 찌르다'라는 말과도 같은데 영어 표현으로는 hit the
nail on the head입니다.

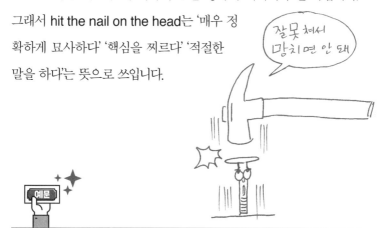

미국은 인건비가 매우 비싼 나라여서 '스스로 만들어 쓰는 DIY(Do-It-Yourself) 문화'가 세계에서 가장 발달되어 있습니다. 미국에 살다 보면 웬만한 집 수리부터 집을 짓는 것까지 자기 스스로 하는 경우가 많습니다. 전국적인 체인망을 가진 홈데포(Home Depot)나 로우스(Lowe's) 같은 초대형 창고형 건축자재 상점에 가면 혼자서 집을 짓고 수리하는 데 필요한 거의 모든 재료를 구할 수 있습니다. 미국인들에게 못질 정도는 아주 자연스럽고 일상적인 일이지요.

못을 박을 때는 못의 머리 부분을 정확히 내려쳐야 잘 박힙니다. 그래서 hit the nail on the head는 '매우 정확하게 묘사하다' '핵심을 찌르다' '적절한 말을 하다'는 뜻으로 쓰입니다.

Donghoon hit the nail on the head.

동훈이가 핵심을 찔렀어.

His comment hit the nail on the head.

그의 논평은 핵심을 정확히 짚었다.

<u>49</u> Go bananas
열광하다

바나나는 세계에서 가장 많이 소비되는 과일입니다.

나라의 경제가 주로 바나나 생산 같은 1차산업에 의존하며 정국 또한 불안한 중남미 소국들을 '바나나공화국(Banana Republic)'이라고 부릅니다. 오 헨리의 단편집 〈양배추와 임금님〉에서 처음 나온 말로 니카라과, 엘살바도르, 온두라스, 과테말라 등이 그 대표적인 나라들입니다. 이들은 대개 미국 같은 외국 자본에 종속되어 있지요.

바나나 하면 제일 먼저 떠오르는 것이 원숭이입니다. 그만큼 원숭이가 바나나를 좋아한다는 말입니다. go bananas는 '너무 좋아 흥분하다' '좋아서 미치다' '화가 나서 이성을 잃다'는 뜻인데 원숭이 우리 앞에서 바나나를 던져 주면 원숭이 무리가 쏜살같이 달려 나오는 모습을 상상하면 이해하기 쉽습니다. go crazy나 go ape 등과 비슷한 뜻입니다.

사실 원숭이가 바나나보다 더 좋아하는 것이 있는데 그것은 땅콩 같은 견과류라고 합니다. 그래서 go nuts나 drive someone nuts라고 해도 같은 뜻이 됩니다.

My classmates went bananas when they saw BTS the idol group.

우리 반 친구들은 아이돌 그룹 방탄소년단을 보자 열광했다.

Will you watch the World Cup finals tonight? I think I will go bananas.

너 오늘 밤 월드컵 결승전 보니? 난 너무 흥분할 것 같아.

<u>50</u> Butterflies in my stomach

긴장되어 떨리다

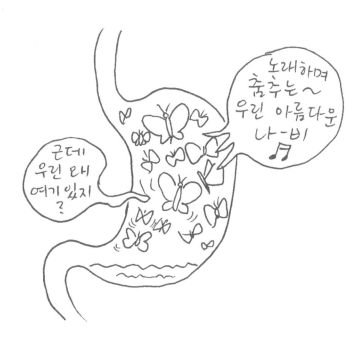

우리가 너무 긴장되어 초조하고 불안할 때 '간이 떨린다'는 표현을 씁니다. 영어에서는 이런 상태를 '뱃속에서 나비들이 한꺼번에 날개를 펄럭이는 것 같다'며 butterflies in my stomach라고 말하지요.

'I'm really nervous.'나 'I'm on pins and needles.'라는 표현과

의미가 같습니다.

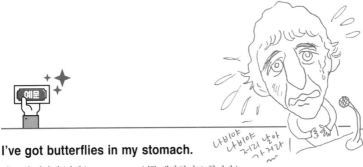

I've got butterflies in my stomach.
나 무지 긴장돼.(이때 'in my stomach'를 생략하기도 합니다.)

I have butterflies in my stomach due to the presentation next class.
난 다음 시간에 발표를 해야 해서 지금 너무 떨려.

Butterfly가 들어가는 관용구

· **Butterfly effect** 나비효과
아주 사소한 사건이나 움직임이 나중에
엄청난 효과나 반향을 일으킬 수 있다는 이론.
1972년 미국의 기상학자 에드워드 로렌츠
(Edward Norton Lorenz)의 강연 제목인 'Does the Flap
of a Butterfly's Wings in Brazil Set Off a Tornado in Texas?
(브라질 밀림에 사는 나비의 날갯짓이 텍사스에 토네이도를
일으킬 수도 있는가?)'에서 유래함.
· **breaking a butterfly on the wheel** 보잘것없는, 작은 일에 큰 대책을 세우는 것
· **Social butterfly** 이곳저곳 옮겨 다니며 사교를 좋아하는 여성, 들뜬 여자

51 Tie the knot
결혼을 하다

　　미국에서는 남자가 반지를 선물하며 프러포즈를 하는 것이 보편
화된 청혼 방식입니다. 이때 100% 성공을 위해서 남자는 아주 신중
하게 반지를 고릅니다. 청혼은 깜짝 이벤트로 준비하기 때문에 프러
포즈를 받고 감격해서 눈물을 흘리는 여성들이 많습니다. 여성이 승

낙하면 법적으로 약혼이 성사된 것으로 간주하는데 커플링은 없고 여자만 반지를 끼게 됩니다. 나중에 결혼반지는 약혼반지에 비해 수수하고 저렴한 것을 마련하는데 여자는 같은 손가락에 두 반지를 같이 낍니다.

우리 전통혼례에서는 함을 보낼 때 혹은 혼례식장에 '청실과 홍실을 엮은 것'을 걸어 두는데 그것은 변치 않는 부부의 인연을 상징합니다. 영어에서도 tie the knot는 '결혼하다'는 뜻입니다.

tie a knot는 두 개의 물건을 밧줄로 묶는다는 일반적인 표현이므로 '결혼하다'라는 의미로 쓸 때는 반드시 정관사 the를 써서 tie the knot라고 해야 합니다.

이 관용구는 옛날 가난한 농부가 청혼하면서 반지 대신 가는 줄을 신부의 손가락에 묶어 준 데서 시작되었다는 설, 유럽 일부 지역에서 인연의 표시로 결혼식 때 실제로

신랑신부의 팔목을 묶었던 데서 시작되었다는 설, 신방에 새 침대를 마련할 때 끈으로 매듭지어 매트리스를 틀에 고정시켰던 데서 시작되었다는 설, 그리고 '신부보쌈' 풍습이 있을 때 신부가 도망가지 못하도록 손을 같이 묶은 데서 시작되었다는 설 등 여러 가지가 있습니다.

My girlfriend and I are going to tie the knot next week.
저는 여자친구와 다음주에 결혼합니다.

You must be so excited to tie the knot with Esther.
에스더랑 결혼하다니 정말 좋겠다.

52 Till the cows come home

아주 오랫동안, 아주 긴 시간

미국의 서부 지역은 농경에 적합한 땅이 많지 않아서 개척사 초기
부터 방목형 가축 대농장이 발달했습니다. 텍사스주는 미국 목축업
의 중심지였고 대규모의 소 떼는 미국의 자유와 개척정신, 모험과 정
의감의 상징처럼 여겨지는 카우보이들이 주로 관리하였죠. 그런데

이 카우보이들은 알려진 이미지와는 달리 대기업과 부자인 투자자들에게 고용된 노동자의 신분에 불과했습니다. 광활한 땅에서 수많은 소 떼를 관리하는 일은 너무나 힘든 일이었고 임금도 낮았습니다. 때문에 히스패닉과 흑인들이 대다수였으며 백인 카우보이의 숫자는 아주 적었지요.

알래스카를 제외하고 미국에서 가장 면적이 넓은 주, 텍사스는 대평원에 펼쳐져 있는 목초지의 크기가 어마어마합니다. 그래서 요즘엔 헬기로 소몰이를 할 정도이죠. 아침나절 풀을 뜯으러 나간 암소 떼가 우리로 돌아오려면 보통 하루 종일 걸립니다.

'우보천리(牛步千里)'라는 말이 있듯, 소들은 느릿느릿하게 걷는 것이 보통입니다. 더구나 수소에 비해 상대적으로 순한 암소들의 걸음은 더욱 느리게 마련입니다.

이런 까닭으로 **till the cows come home**이라고 하면 '아주 오랫동안, 영원히'의 의미로 며칠, 몇 주, 몇 달을 나타냅니다.

소를 나타내는 단어들은 다양한데 **cow**는 암소 , **bull**은 수소, **ox**는 거세된 소(복수형 oxen), **calf**는 송아지이며 **cattle**이라고 하면 암수, 나이 구분 없는 소의 총칭입니다.

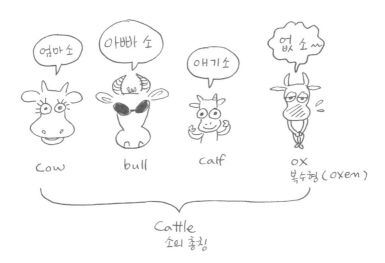

Yejin played volleyball till the cows come home.

예진이는 오랫동안 배구를 했다.

I couldn't sleep till the cows come home.

잠이 안 와 밤을 꼬박 지샜어.

중세 유럽의 기사들이 가장 즐겼던 것은 '마상 창 시합(joust)'이었습니다. 은빛 갑옷을 입은 두 기사가 옆구리에 긴 창(lance)을 수평으로 한 채 상대를 향해 서로 마주 보고 말을 달려 상대를 제압하는 경기입니다. 일대일로 겨루면서 진 상대를 탈락시키는 시합 방식입니다. 1차 십자군 원정 이후 프랑스에서 시작되어 유럽으로 퍼진 이 경기 방식을 토너먼트(tournament)라고 하였는데 지금은 각종 대회에서 진 상대가 바로 탈락하는 경기 방식을 이렇게 부릅니다.

기사들은 개인의 명예를 목숨같이 소중히 여기며 여자들을 존중하고 사랑하는 낭만적 기질을 가졌습니다.

그래서 경기에 참가하는 기사들은 연인이나 사모하는 숙녀, 귀부인 등의 손수건 같은 것을 소매에 달고 시합에 임했습니다. '나는 내 여자의 명예를 위해 최선을 다할 것이다'는 의미였죠. 실제로 실력이 뛰어난 기사의 여인들은 크게 주목받고 인기를 끌었기 때문에 기사들은 부와 명예가 달린 이 위험한 경기에 목숨을 걸고 참가했습니다.

여기에서 **wear one's heart on one's sleeve**라는 말이 나왔습니다. '감정을 자유롭고 숨김없이 표현하다' '속마음을 노골적으로 드러내다'라는 뜻입니다.

Ronaldo is one of those soccer players that spectators love to watch because he always wear his heart on his sleeve.

호날두는 감정을 솔직하게 잘 표현해서 관중들에게 인기 많은 축구선수 중 한 명이다.

You'll never be a good cardplayer if you wear your heart on your sleeve.

만약 네 감정을 노골적으로 표현한다면 넌 결코 뛰어난 카드 플레이어가 될 수 없다.

<u>54</u> Kick the bucket
죽다

미국인들의 죽음을 대하는 태도와 마음이 우리와 차이가 있다는 것은 장례식에 참석해 보면 잘 알 수 있습니다.

미국의 장례식장은 화려한 색깔의 꽃들로 장식하며 시신이 손상된 경우가 아니라면 관을 식장 내부 맨앞에 뚜껑을 열어 놓아 조문

객들이 고인을 직접 보고 만져 볼 수 있도록 합니다. 장례식 분위기도 무겁지 않은 편인데, 유족이나 친구들이 노래도 부르고 여러 사람이 나와서 고인과의 추억을 유머를 섞어 가며 이야기하여 유가족들이 박장대소하는 모습도 볼 수 있습니다.

2007년에 나온 잭 니콜슨과 모건 프리먼 주연의 〈죽기 전에 꼭 하고 싶은 것들(The Bucket List)〉이라는 영화를 보면 말기 암환자인 주인공들이 죽기 전에 꼭 하고 싶은 일의 목록을 작성한 후 여행을 떠나는 내용이 나옵니다. '죽기 전에 꼭 하고 싶은 일들'이라는 뜻인 '버킷 리스트(bucket list)'는 중세 시대 교수형에 처한 사형수가 뒤집어 놓은 양동이 위에 올라가 목을 매면, 사형집행관이 그 양동이를 차버린 데서 유래했습니다. kick the bucket이라고 하면 '죽다'라는 뜻입니다.

우리말에도 '죽다'라는 말을 완곡하게 표현하기 위해서 '돌아가시다' '운명하다' '별세하다' '유명을 달리하다' 또는 '숟가락을 놓았다' 등

다양하게 쓰는 것처럼 영어에도 die를 pass away라고 하거나 kick the bucket이라고 씁니다.

요즘 이 표현은 자살, 사형집행 같은 부정적 의미가 아니라, 일반적인 죽음을 일컬을 때 사용합니다.

I'd like to enjoy it all before I kick the bucket.

저는 죽기 전에 이 모든 걸 다 누리고 싶어요.

My grandmother kicked the bucket when she turned ninety.

우리 할머니는 아흔 살 되시던 해에 돌아가셨어.

55 The bigger they are the harder they fall

높이 올라갔을 때 떨어질 것을 조심하라

넘어지는
소리 한번
요란하고

루비 로버트 핏시몬스(Ruby Robert Fitzsimmons)는 세계 복싱 역사를 통틀어 가장 강한 펀치력을 가진 복서 중 한 명으로 최초로 세계타이틀 3체급을 석권한 사람입니다. 역사상 몸무게가 가장 가벼운 헤비급 챔피언으로 기네스북에도 올라 있듯이, 172파운드(78킬로

그램)였던 그는 무려 219파운드(99.3킬로그램)의 몸무게인 제임스 제프리스(James J. Jefferies)와 세계타이틀 매치를 벌였습니다. 그는 시합을 앞두고 1902년 한 뉴스 인터뷰에서 이렇게 말했습니다.

The bigger they are the harder they fall!
덩치가 클수록 떨어질 때의 충격도 더 크다!

비록 그는 이 시합에서 지고 말았지만 이 말은 미국 금융시장의 중심지인 월가(Wall Street)의 격언으로 계속 쓰이고 있습니다. 투자를 할 때 무리해서 크게 투자하면 그만큼 위험도 크다는 의미지요. 그리고 더 많은 권력을 가지고 더 높은 지위에 오른 사람일수록 그것을 잃어버렸을 때의 충격은 더욱 커진다는 의미로 쓰입니다.

It is often said that the bigger they are the harder they fall.
너무 무리하면 그만큼 손해도 크다고 흔히들 말하지.

I was reminded of him, "the bigger they are the harder they fall", when the champion team looked so embarrassed after losing to the underdo who they ridiculed.
챔피언 팀이 평소에 얕보던 팀에게 지고 너무나 창피해했을 때, 그는 나에게 "높이 올라갈수록 떨어질 때 충격이 크다"라고 상기시켜 주었다.

56 Turn a blind eye
잘못을 눈감아 주다, 못 본 체하다

세계 해전사에서 가장 위대한 군사령관 중 한 명으로 손꼽히는 영국의 넬슨(Nelson) 제독은 인생의 최후를 맞이하는 장면까지도 이순신 장군을 닮았습니다.

그는 1801년 코펜하겐 해전에서 덴마크, 노르웨이 연합군을 상대

전쟁을 한 눈에, 일목 요연하게 알아 볼 수 있심더

했습니다. 이때 영국군의 총지휘자였던 파커(Parker)경이 깃발을 올려 퇴각을 명령했지만 승리를 확신했던 넬슨 제독은 오른쪽 눈에 망원경을 갖다 대고는 신호를 보지 못했다며 계속 전투를 벌였습니다. 그는 1794년 코르시카 섬 점령 전투에서 오른쪽 눈을 실명했던 것입니다. 그래서 turn a blind eye라고 하면 '무엇인가를 보고도 못 본 체하다' '잘못이나 실수를 눈감아 주다'라는 의미로 쓰입니다. '간과하다'라는 뜻의 overlook과는 의도가 있느냐 없느냐의 차이입니다.

I'll turn a blind eye to it next time.
션 _느실 나음벤 못 본 체할 섭니나.

How can you turn a blind eye to all those starving North Korean children?
당신은 어떻게 저 굶주린 북한 어린이들을 보고도 못 본 척할 수 있나요?

57 Put one's foot in one's mouth

말실수를 하다

인간 구제역이 발생한 건가?

1870년대 소나 돼지 같은 우제류(偶蹄類: 발굽이 한 짝처럼 갈라져 있는 동물들)에서 발견된 치명적인 바이러스성 전염병인 구제역(口蹄疫)은 지금도 발생하여 심각한 피해를 낳고 있습니다.

구제역에 해당하는 영어가 바로 foot and mouth disease입니다.

주로 우제류의 입이나 발에 발병하기 때문에 붙여진 이름이지요.

foot-in-mouth는 '실언(失言)을 자주 하는'이란 뜻이며, **put one's foot in one's mouth**는 '남을 화나게 하거나 당혹스러운 말을 하다', 즉 '말실수, 실언을 하다'는 뜻입니다. 우리도 말을 함부로 하는 사람을 입이 더럽다고 하듯이 말로 트러블을 일으키는 것을 입에 발을 넣는다고 비유한 것이지요. 이 표현은 **put one's foot in it**이라고 쓰기도 합니다.

I think you put your foot in your mouth when you said that to her.
제 생각엔 당신이 그 여성분에게 말실수를 한 것 같습니다.

I really put my foot in it with Joan.
내가 조앤에게 정말 실언을 했어.

58 Bark up the wrong tree

헛다리를 짚다, 엉뚱한 사람을 비난하다

사냥이 레저스포츠인 미국에는 총, 칼, 석궁 등 사냥용품을 파는 대형 상점들도 많고 사냥전문 잡지들도 매우 다양하게 출판되고 있지요. 미국 남자들의 로망 중 하나가 소형 오픈 트럭(pickup truck)에 사냥 장비들을 싣고 대자연 속에 들어가 사냥을 즐기는 것입니다.

물론 옆에는 멋진 사냥개(hunting dog)를 데리고 말입니다.

포인터나 리트리버, 세터 같은 개들은 사람이 사냥할 때 곁에서 도와주는 역할을 하는 대표적인 사냥개들이지요. 그런데 개들이 이렇게 불리는 데는 이유가 있습니다.

Pointer는 사냥감의 위치(point)를 알려 주는 지시견, Retriever는 되찾는 사람이란 뜻으로 사냥물 회수견, 그리고 Setter는 새를 추적하여 꼼짝 못 하게 만드는 세트(set) 능력이 뛰어난 조렵견이지요.

bark up the wrong tree라는 말은 사냥감이 나무 위로 올라가면 사냥개들이 밑에서 짖게 훈련받는데 가끔 엉뚱한 나무 밑에서 짖는 경우가 있어서 생긴 말입니다.

예문

He Is barking up the wrong tree.
그는 지금 엉뚱한 사람을 비난하고 있어.

You're barking up the wrong tree to be honest.
솔직히 말해 넌 헛다리를 짚은 거야.

우리나라의 화투처럼 영어권 나라들, 특히 미국에서 포커게임은 '내셔널 게임'이라 불릴 정도로 성행하고 있습니다. 심지어 포커게임은 텔레비전을 통해 생중계되기도 합니다.

buck은 포커게임에서 패를 돌리는 딜러가 누구인지 표시하는 물건인데 주로 칼을 사용했습니다. 이 칼의 손잡이 부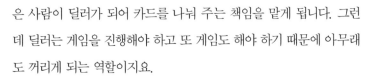
분이 수사슴의 뿔로 만들어졌기 때문
에 그렇게 불렀습니다. buck을
가지고 있던 딜러가 그것을
다른 사람에게 넘기면(pass) 받
은 사람이 딜러가 되어 카드를 나눠 주는 책임을 맡게 됩니다. 그런
데 딜러는 게임을 진행해야 하고 또 게임도 해야 하기 때문에 아무래
도 꺼리게 되는 역할이지요.

그래서 pass the buck이라고 하면 남에게 책임을 전가하거나 책
임을 회피하는 것을 뜻합니다.

미국의 제33대 트루먼 대통령은 집무실 책상 위에 'The buck stops
here.'이라고 써붙여 놓은 것으로 유명합니다. '최종 권한은 내게 있
다' '모든 책임은 대통령인 내가 진다'라는 뜻입니다.

Don't pass the buck to your parents.
부모님께 책임을 전가하지 마.

Some people try to pass the buck whenever they can.
할 수만 있다면 언제나 책임을 남에게 전가하려 드는 사람들이 있다.

⁶⁰ Jump on the bandwagon
우세한 편에 붙다, 시류에 편승하다

　미국 선거제도의 가장 큰 특징으로 규제가 없다는 것을 들 수 있습니다. 우리나라처럼 선거운동 기간이나 사전 선거운동에 대한 제한이 없기 때문에 지속적인 선거 캠페인이 이루어지고 표현의 자유가 보장된 나라답게 유세 방식도 다양합니다.

미국에서는 1848년 대선 때부터 '악단 마차(band wagon)'가 선거 유세에 등장하여 인기를 끌었습니다. 군인이자 정치가였던 재커리 테일러(Zachary Taylor)는 1848년 미국 제12대 대통령에 당선되었는데 유명 서커스단 광대인 댄 라이스(Dan Rice)가 그의 지지자로 유세 마차에 올라 흥을 돋우고 군중들을 몰고 다녔습니다.

jump on the bandwagon은 악단 마차를 앞세운 선거유세에서 비롯된 말로 '남이 하는 대로 따라가다' '시류에 편승하다'라는 뜻으로 쓰입니다.

Jennifer is not the kind of person to jump on the bandwagon.

제니퍼는 시류에 편승하는 타입의 사람이 아니다.

Mark didn't jump on the bandwagon and remained firm in his conviction.

마크는 시류에 따르지 않고 자신의 소신을 굳게 지켰다.

부 록
SUPPLEMENT

재미있는 관용표현

<u>01</u> **24/7**

연중무휴, 늘, 항상

'하루 24시간, 7일 내내'의 줄임말. 상점 같은 곳에서 주로 사용하는 말이다.
'Twenty-four seven'이라고 읽는다.

<u>02</u> **A baker's dozen**

13개

13세기 영국에선 무게가 미달되는 빵을 팔면 엄청난 벌금을 물리는 제도가
있었다. 그래서 혹시 무게가 미달된 빵이 있을까 봐 빵집 주인들은 빵 한
다스(dozen, 12개)를 팔 때 덤으로 1개를 더 주곤 했다는 데서 유래했다.

<u>03</u> **A dime a dozen**

뻔한, 흔해빠진

다임(dime)은 10센트짜리 동전인데 동전 중 지름이 가장 작고 얇다. 10센트
동전 하나로 a dozen('한 다스'의 다스가 원래 dozen), 즉 12개를 살 수 있으니
그만큼 싸고 흔하다는 뜻.

<u>04</u> **A far cry**

먼 거리, 아주 심한 격차

중세 스코틀랜드에는 정부가 국민에게 무언가를 알릴 때
담당 구역을 돌아다니며 정부의 고지사항을
큰 소리로 외치고 다니는 마을의 공무원(town
crier)이 있었다. 그때 가까운 곳은 'near cry',
먼 곳은 'far cry'라고 한 데서 유래했다.

05 A fish out of water
어떤 분위기나 환경에 어울리지 못하고 겉도는 사람, 외톨이, 꿔다놓은 보릿자루

06 A little bird told me
어떤 이가 내게 말해 줬어
말해 준 사람을 차마 밝힐 수 없을 때 쓰는 표현.

07 A piece of cake
매우 쉬운 일
우리말의 식은 죽 먹기, 땅 짚고 헤엄치기 등과 같은 의미이다.

08 A short fuse
급한 성미, 욱하는 성질
fuse는 다이너마이트 같은 폭약의 도화선(導火線 : 불을 끌어들이는 선).
도화선이 짧다는 것은 폭약이 금방 터져 버린다는 말이므로 감정이 금방
폭발하는 것을 뜻한다.

He has a short fuse.
그는 다혈질이다.

09 A stick-in-the-mud
재간 없는, 독창성이 없는, 변화를 싫어하는, 도전정신이 부족한

10 Around the clock
24시간 내내

11 As cool as a cucumber
대단히 침착한, 냉정을 유지하는
오이는 열을 가라앉히는 데 탁월한 효능이 있다. 그래서 뙤약볕에 피부가
상했을 때 오이팩을 붙이곤 한다.

12 **At the top of one's lungs**
(목청이 터지도록) 소리 지르며
목소리는 양쪽 폐(lungs)로 들어간 산소가 빠져나오면서 후두를 거쳐
성대를 통과할 때 성대의 근육이 서로 부딪쳐 떨리면서 만들어진다.

13 **Be caught red-handed**
현장에서 들키다, 딱 걸리다

14 **Be raining cats and dogs**
비가 억수같이 쏟아지다
17세기 중반 유럽엔 하수도 시설의 미비 때문인지 비가 오면 개와
고양이들이 익사해서 길거리에 사체들이 널브러져 있었기 때문에 나온
말이라는 설이 있다. 한편 노르웨이 신화에 '개는 바람, 고양이는 비를
주관한다'고 한 데서 나온 말이라는 설도 있다. 개나 고양이가 싸우는
것처럼 요란한 소리를 내며 세차게 비가 쏟아질 때 이 표현을 쓴다.

15 **Big cheese**
중요한 인물, 속어로 얼간이

16 **Bite the bullet**
이를 악물고 하다
전쟁 중 부상당한 군인이 마취도 못 하고 수술을 받을 때 총알을 입에
물고 고통을 참았던 데서 유래.

17 **Bite your tongue**
말조심해, 입 좀 다물어

18 **Black eye**
멍든 눈

제 눈이
이정도면
상대는 어땠을지
짐작이가남유

19   **Breadwinner**
가장(家長)
집에 양식(빵)을 가져오는 사람이라는 뜻.

Bring home the bacon. 밥벌이를 하다.

20   **Bring down the house**
집이 무너질 듯 크게 박수갈채를 받다

21   **Bury the hatchet**
화해하다
'도끼를 묻다'는 뜻이니 즉 무기를 치웠다는 의미이다.

22   **By a hair**
간신히, 겨우, 아슬아슬하게

23   **Chew out**
호되게 꾸짖다
누군가를 심하게 야단칠 때 입모양이 마치 무엇을 씹는 것 같은 데서
유래.

24   **Close but no cigar**
성공(우승)에 근접하게는 갔지만 성공은 아닌
cigar는 예전에 대회의 우승자들에게 주는 단골 상품이었다.

25   **Come down to earth**
정신 좀 차려

26   **Comfort food**
마음과 속이 편해지는 음식 맛, 어머니의 음식처럼 위로가 되는 음식

<u>27</u>　**Crack (somebody) up**
(누구를) 몹시 웃기다, 빵 터지게 하다
평소의 침착함을 깨고(crack) 통제할 수 없는 웃음을 주는 것.

<u>28</u>　**Crack a book**
책을 들이파다
책을 펼쳐 거의 깨부술 듯 내용을 깊이 파고들며 공부하는 모양을 나타낸다.

<u>29</u>　**Cup of tea**
개인의 취향, 자신의 전문 분야

<u>30</u>　**Cut the cheese**
방귀를 뀌다

<u>31</u>　**Dig in one's heels**
완강하다, 막무가내로 버티다
소나 말 등 동물의 목에 줄을 매어 억지로 잡아당기면 끌려가지 않으려고
뒤굽에 땅이 파일 정도로 버티는 모습과 연관이 있다.

<u>32</u>　**Dog-ear**
책을 보고 나서 읽은 곳을 표시하기 위해 귀퉁이를 접은 것
강아지 귀가 접혀 있는 모양과 비슷해서 생긴 말.

<u>33</u>　**Don't look a gift horse in the mouth**
남의 호의를 트집 잡지 말라
말(horse)이 중요한 선물 아이템으로 쓰이던 16세기 영국에서 시작된
표현이다. 말은 이빨로 나이와 건강 상태를 알 수 있다. 그래서 선물받은
말의 입을 벌려 들여다보는 것은 예의에 어긋나는 행동이다. 선물로 받은
물건에 불평하지 말 것, 남의 호의에 트집을 잡지 말라는 의미로 쓰이게
되었다.

34 Dry run
예행연습, rehearsal

군사용어 중 하나로 '실탄 없이 하는 모의 전쟁연습'에서 유래.

35 Easy come, easy go
쉽게 얻은 것은 쉽게 잃게 된다

36 Fat cat
정치자금을 많이 내는 사람, 권력층이나 세력가를 비유

37 For dear life
필사적으로, 죽을힘을 다해

38 Fresh off the boat
미국에 온 지 얼마 안 된 외국인

'FOB'라고도 하는데 그리 좋은 의미는 아니다.

39 From rags to riches
인생역전하다, 무일푼에서 부자가 되다

rag는 누더기, 넝마라는 뜻.

40 Full of hot air
허풍의, 허풍이 심한 사람

열기구(熱氣球, hot air balloon)는 글자 그대로 버너 같은 장치로 열을
가해 부력을 만들어 내는 탈것이다. 하지만 크게 부풀려진 기구 안에는
뜨거운 공기 외에는 아무것도 없다는 데서 나온 말이다. 영어의 hot air는
과장되거나 부풀린 말인데 우리말의 허풍(虛風 : '텅 빈 바람'이란 뜻)과
비슷하다.

Wind bag 수다쟁이, 떠버리

<u>41</u>   **Get over it**
극복해, 이겨내, 그까짓 것 잊어버려

<u>42</u>   **Give (somebody) the cold shoulder**
푸대접하다, 냉대하다

<u>43</u>   **Go belly up**
= Go bankrupt 파산하다
물고기나 짐승이 죽어서 물에 뜰 때, 배가 위로 향해 뒤집어진 자세인
데서 유래.

<u>44</u>   **Go scot-free**
처벌을 면하다, 무사히 지나가다
scot은 고대 스칸디나비아어로 '세금(tax)'이라는 뜻이었는데 9, 10세기
바이킹이 영국을 침략했을 때 고대 영어로 편입.
세금, 부채 등 지불해야 할 무엇을 면제받는 것을 뜻한다.

<u>45</u>   **Goose egg**
빵점, 무득점
야구 경기에서 양 팀이 한 점도 득점하지 못하면 점수판에 거위알 같은
동그라미가 쭉 나열되는데, 거위알과 아라비아 숫자 0이 비슷해 보이는
데서 유래한 말.

<u>46</u>   **Graveyard shift**
3교대 시 심야근무(자정~오전 8시)
15세기 이후 영국은 역사가 오래된 데다 영토가 작아서 묘지로 쓸 수
있는 공간이 부족했다. 그래서 묘지를 파서 유골을 유골집에 모으기도
했는데, 관을 열어 보니 죽은 줄 알았던 시체가 살아나 나오려고
손톱으로 긁은 자국이 있는 것들이 있었다. 이후 이런 일을 방지하기 위해
시체의 손목에 줄을 매어 종을 칠 수 있는 'safety coffin'이 만들어졌고

이를 지키는 사람이 생긴 데서 유래.

47 **Green thumb**
원예에 대한 재능, 식물 키우는 재주

48 **Green-eyed monster**
질투의 화신
O, beware, my lord, of jealousy;
It is the green-eyed monster which doth mock
the meat it feeds on.
(오 나의 주군이시여, 질투를 조심하십시오. 그놈은 녹색 눈의 괴물로 먹이를
주는 인간을 조롱합니다.) 셰익스피어의 〈오셀로〉에 나오는 문장에서 유래.

49 **Halcyon days**
평화롭고 안정된 시기
그리스 신화에 바람의 신 아이오로의 딸 알시온(Alcyon)이 인간 남자와
결혼을 해서 제우스의 분노를 샀다. 그래서 제우스가 알시온 부부가
항해할 때 천둥번개를 쳐서 알시온의 남편을 바다에 빠트려 죽게 했는데
크게 상심한 알시온도 따라 죽었다. 이를 불쌍히 여긴 제우스는 알시온을
유럽물총새(Halcyon)로 다시 태어나게 했고 그녀가 바다 위에 둥지를 틀고
알을 낳아 품자 아버지 아이오로가 그 기간 동안 바람을 멈추게 했다는
데서 유래된 말이다.

50 **Hang in there**
버티다, 견뎌 내다(어렵더라도 참고 이겨 나가라는 뜻)

51 **Head over heels**
거꾸로, 완전히 빠져들어

52 Hear it on the grapevine
풍문으로 듣다

1860년 미국 남북전쟁이 한창일 때, 기자들이 최전방 소식을 후방에
전하기 위해 구리 전선을 통해 전보를 쳤는데 초기의 전봇대는 전선들이
일직선이 아니라 포도 덩굴처럼 얽혀 있었던 것에서 유래한 말.

53 Horse sense
상식

54 I am all ears
잘 경청하고 있어, 귀 기울여 들을 준비가 되어 있어

'나의 모든 신체기관이 전부 귀'라는 말로, 상대의 말을 최대한 경청하고
있다는 표현.

55 Icebreaker
처음 만난 사람들 사이의 어색함을 깨뜨리는 유머, 대화, 게임 같은 것들

56 Let's call it a day!
오늘은 여기까지만 합시다!

57 In a nutshell
간단히 말해서

58 IOU
차용증

I owe you의 약자.

59 It's not over until the fat lady sings
아직 끝난 것이 아니다

오페라 역사상 최고 걸작 중 하나로 손꼽히는 독일의 작곡가 바그너의

〈니벨룽의 반지(Der Ring des Nibelungen)〉는 총 4개의 악장으로 이루어진 서사 악극곡이다. 각 극이 독립적이나 완전한 이해를 위해서는 4개를 모두 봐야 한다. 그러려면 총 16시간이 걸리는데 마지막에 여주인공인 브륀힐데(Valkyrie Brunnhilde) 역을 맡은 뚱뚱한 소프라노의 아리아를 다 들어야만 끝이 난다. 여기서 유래한 말이다.

60 I'll eat my hat
내 손에 장을 지지겠다, 성을 갈겠다

61 I'm on the wagon
나는 금주(禁酒) 중이다

오랜 청교도주의에 뿌리를 둔 1890년대 미국의 금주운동은 1920년 전국적인 금주법이 실시되는 데 이르렀다. 과거엔 술통을 마차에 싣고 다녔는데, 비포장도로에 날리는 먼지를 제거하기 위한 물통을 싣고 다니던 water wagon도 있었다. 술통이 아니라 물통을 싣고 다니는 마차(water wagon에서 water가 생략된)를 타고 있다는 의미로, 이 말은 금주 중이란 뜻이 된다. 'off the wagon'은 반대의 뜻이다.

62 Jack frost
맹추위

영국 바이킹족의 전설과 관련 있는데 Jack은 그냥 보통사람의 상징이며 눈과 서리의 요정을 의인화한 것이다.

63 Jack of all trades
팔방미인, 만물박사

Jack of all trades is master of none.
많은 걸 잘하면, 특별히 잘하는 게 없다.

64 **Keep your chin up**
기운 내, 용기를 내!
너의 턱을 위로 (향해 치켜드는 것을) 유지해라, 즉 힘든 상황일지라도
자신감을 잃지 말라는 격려.

65 **Keep your nose clean**
말썽 부리지 마라

66 **Knock on wood**
부정 타지 않기를 바란다
이것은 미국 사람들이 어떤 말을 하고 난 다음 부정 타지 말라고 책상을
두드리는 행위를 가리킨다. 나무에 정령이 있다고 믿었던 옛날이나,
신의 보호를 구하는 가톨릭 신자들의 나무 묵주(默珠, rosary beads)에서
유래했다.

67 **Know-it-all**
아는 체하는, 똑똑한 체하는 (사람)

68 **Lazy Susan**
식탁 중앙에 놓인 돌아가는 회전쟁반
가만히 앉아 음식을 즐기고 싶은 게으른 사람들(Susan을 비롯해)을 위해
고안된 식당의 장치.

69 **Let the chips fall where they may**
결과에 관계없이 (옳은 일이나 원하는 일을 하다)
19세기 미국 개척자들이 집을 짓기 위해 나무를 자를 때, 나무 파편들이
바람에 흩날렸다가 어디로 떨어질 줄 모르나 그것에 신경 쓰지 않고
도끼질을 했다는 데서 유래한 말.

몰로토프 씨!
언제는 우리랑
친구라고 하시더니

그대 탱크안에
폴란드산 꽃 병 고이
보내드릴게 받으시~

77 No-brainer
머리를 써서 생각할 필요가 없을 만큼 쉬운 결정이나 문제

78 Old chestnut
케케묵은 옛날이야기, 진부한 농담

79 On your toes
주의하여, 조심하여

발레를 하는 사람들이 발가락으로 걷듯이 조심조심.

Keep on your toes. 조심해라.

80 Out of my league
나와는 노는 물이 다르다

미국 프로야구는 메이저리그 아래 트리플A, 더블A, 싱글A로 세분화되어 있는데 각 리그의 경기력이나 선수들의 기량 차이가 매우 큰 데서 유래.

81 Out of the blue
갑작스럽게

여기서 blue는 푸른 하늘(blue sky)을 말한다. 미국은 땅덩이가 넓고 커서 기상 변화도 매우 심해 푸른 하늘이었다가 갑자기 천둥벼락을 동반한 폭우가 쏟아지기도 한다.

a bolt out of the blue

'마른하늘에 날벼락'이란 우리말처럼, '갑작스럽게, 예기치 않게, 뜻밖에, 뜬금없이' 같은 뜻을 나타낸다. '마른하늘에 날벼락'은 부정적인 의미이지만 'out of the blue'는 부정적인 뜻만 있는 것은 아니다.

82 Out on a limb
위험을 감수하다

《톰소여의 모험》으로 유명한 미국의 소설가 마크 트웨인(Mark Twain)의

명언 중에는 이런 말이 있다.

Why not go out on a limb? That's where the fruit is.
왜 나뭇가지를 넘어 끝으로 가지 않는가? 그곳에 열매가 있는데!

'Go out on a limb'은 나무 위에 올라가 가지 끝에 달린 열매를 따는
것처럼 '위험을 감수하고 도전하라' '한계를 넘어서라'는 의미이다.

<u>83</u> Over my dead body
절대로 안 돼

결사적으로 반대할 때 우리가 흔히 쓰는 "내 눈에 흙이 들어가기 전엔
절대 안 돼!"와 비슷한 표현이다. 눈에 흙이 들어간다는 건 매장을
의미하는 것이므로, 두 표현 다 죽기 전까지는 안 된다는 뜻이다.

> 딸 **Daddy, you will like him once you meet him.**
> 아빠, 제 남자친구 한번 만나 보시면 좋아할 거예요.

> 아빠 **No, and you're not marrying the guy.**
> 무슨 소리! 넌 절대 그 녀석과 결혼할 수 없어.

> 딸 **I love him and I'm going to marry him.**
> 전 그를 사랑해요. 전 그와 꼭 결혼할 거예요.

> 아빠 **Over my dead body.**
> 내 눈에 흙이 들어가기 전엔 안 돼.

<u>84</u> Pat someone on the back
칭찬하다, 격려하다, 축하하다

스포츠 경기에서 감독이 선수의 등(back)을 토닥여(pat) 주는 것.

<u>85</u> Pull a rabbit out of the hat
마술을 부리듯 뚝딱 해결책을 내놓다

마술사가 쓰고 있던 모자에서 불쑥 토끼를 꺼내는 마술이 있다. 그것처럼
'전혀 불가능해 보이는, 혹은 곤경에 처한 상황에서 갑자기 토끼를 꺼내듯
해결책을 내놓다'는 뜻으로 쓴다.

86 Pull over
차를 멈추세요, 차를 갓길에 세우세요

옛날에 마차를 타고 다닐 때 정지하기 위해서는 말의 고삐를 잡아당겨야
했던 데서 유래. 미국에서 운전 중 경찰이나 보안관이 차를 세우라고 할
때 사용하는 말이다. 그럴 땐 차를 세운 후 핸들(핸들은 콩글리시, 영어로
steering wheel) 위에 두 손을 얹고 있어야 한다. 그렇게 하지 않고 차 문을
열고 나오면 총에 맞을 수도 있다.
이때 경찰이 외치는 'Freeze!'는 '꼼짝 마!'라는 뜻인데 'please'나 'free'로
잘못 이해하고 봉변을 당하는 경우도 있다.

87 Rain check
다음 기회, 다음번, 우천교환권

예전에 지붕 있는 야구장이 없었을 때 없었을 때 조금만 비가 오면
야구 경기가 취소되곤 했다. 비가 와서 경기가 취소되면 주최 측에서는
우천교환권을 발행해서 다음번 입장권과 바꿔 주었다고 한다.
우천교환권은 1889년 애틀랜타 크래커스(Atlanta Crackers)가 처음
발행했다고 한다.

I'll have a rain check.
다음번 초대장을 제가 받지요.('다음 초대엔 꼭 참석하겠습니다'란 뜻.)
take a rain check 나중에 적당한 때로 연기하다

88 Ride shotgun
조수석에 타다

옛날에 마차를 타고 갈 때 강도들을 대비해서 총을 든 사람이 조수석에
동승했던 데서 유래.

89 Ringside seat
바로 앞자리

복싱경기장에서 사각의 링 바로 앞자리는 경기 장면을 가장 가까이서 볼
수 있는 곳이다.

90 Rip-off
사기, 바가지

91 Rise and shine
기상!
'일어나라 빛을 발하라, 이는 네 빛이 이르렀고 여호와의 영광이 네 위에 임하였음이라.'
구약성경 이사야 60장 1절에서 유래된 말로, 부모님이나 캠프의 지도 선생님들이 자녀나 학생들을 깨울 때 흔히 하는 말.

92 Rule of thumb
어림잡아, 경험법칙
로마 시대에 엄지손가락이 길이 측정의 기초적인 수단으로 사용되었던 데서 유래한 말로 어림잡아, 대충, 또는 '직접 경험하고 체험해 아는 법칙'인 경험법칙을 뜻한다.

93 Run out of steam
기진맥진하다
이 말은 '증기기관의 증기(steam)를 다 써 버리다(run out of)'라는 뜻이므로, '탈진하다' '힘(동력)을 잃다' '기진맥진' 등으로 쓰인다.

94 Save someone's skin
다치지 않고 넘기다, 무사히 빠져나가다

95 Scapegoat
희생양
구약성경 레위기 16장 8절에서 10절까지 보면 인간의 죄를 염소에게 전가시켜 그 염소를 황야로 내쫓아 버리는 관습이 나온다. 여기서

'scapegoat(속죄양, 희생양)'이란 말이 나왔다. 남의 불행이나 문제에 대한
책임을 부당하게 짊어지는 개인이나 집단을 일컬을 때 쓴다.

96 Scratch one's back
누구를 도와주다, 누구의 뒤를 봐주다
'누군가의 등을 긁다'는 말인데 혼자서 등을 긁는 건 어려우니 도움이
필요한 상황이다. 아무한테나 등을 긁어 달라고 하지 않는 것처럼 친한
사이에 쉽지 않은 일을 부탁할 때 사용한다.

97 Shape up or ship out
착실하게 일하든지 아니면 나가시오
세계 2차대전 당시 미국 병사들이 자주 쓰던 말이다. 근무 태도가 좋지
않은 장병들을 해외 격전지로 보내 버리는 경우가 많았는데, 거기서
유래한 말이다. 상사가 근무 태도가 불량한 부하직원에게 쓸 수 있다.

98 Skeleton in the closet
들킬까 봐 두려운 수치, 어마어마한 비밀

99 Sleep on it
(자고 일어나서) 좀 더 생각해 봐

100 Sleep tight
잘 자라
오래전 침대 매트리스는 밀짚을 밧줄로 엮어 만들었는데, 그게 시간이
지날수록 느슨해지니까 자기 전에 단단히 묶던 데서 유래.

101 Smart mouth
건방지게 말하는 사람

Something smells fishy

수상한 낌새가 보이다

수상한 낌새가 있을 때 흔히 쓰는 "무슨 냄새가 나는데?"와 같은 표현이다.

<u>Smell a rat</u> (뭔가 기분 나쁜) 낌새를 채다

Soup and fish

남성용 야회복(夜會服), 턱시도(tuxedo)

예전 품격 있는 저녁 파티에 나온 수프와 고기요리는 턱시도를 입은
사람들이 서빙을 했던 데서 유래. 턱시도의 뒤가 제비꼬리처럼 갈라졌다고
해서 연미복(燕尾服)이라고 하는데 영어에서는 못 빼는 망치 같다고
claw hammer라고도 부른다.

<u>Cold fish</u> 냉담한 사람   <u>Fish wrapper</u> 신문을 속되게 지칭하는 말

104

Stick one's nose into something

남의 일에 지나치게 흥미를 가지다, 참견하다

서양인들은 동양인들에 비해 대체로 코가
매우 크고 앞으로 돌출되어 있다. 그래서
무엇인가에 지나치게 가까이 다가가면 그것을
코로 찌를(stick) 것 같다는 말이 나온 것이다.

Sweetheart

부모가 자식에게, 연인끼리, 절친한 여자들끼리 다정하게 부르는 애칭

나이 어린 사람이 나이 많은 사람에게 주로 쓰고 남자들끼리는 사용하지
않는다.

Take with a grain of salt

곧이 곧대로 받아들이지 않고 감안해서 듣다

요즘 유행하는 말로 'MSG를 치지 마'라는 표현이 있다. 사실을 부풀려서
말할 때 쓰는 말인데 이 말과 유사하다. '부풀려서 말하는 습관'을 가진
사람에게 쓰는 표현으로 '액면 그대로 받아들이지 않다'라는 뜻이다.

부록2
한자성어와 호환 가능한 관용표현

01 **고장난명 孤掌難鳴**
It takes two to tango.
탱고를 추려면 두 사람이 있어야 한다

02 **고진감래 苦盡甘來**
Every cloud has a silver lining.
모든 구름은 은빛 안감을 가지고 있다(괴로움이 있으면 즐거움도 있다)

03 **공중누각 空中樓閣**
A castle in the air
공중에 떠 있는 성

04 **과유불급 過猶不及**
Don't bite off more than you can chew.
네가 씹을 수 있는 것보다 더 많이 씹지 마라
1800년대 미국에서 '씹는 담배(chewing tobacco)'가 유행했을 때 담배를
얻어 피는 사람이 욕심내어 한꺼번에 많이 씹으려 할 때 했던 따끔한
한마디.

05 **금상첨화 錦上添花**
The icing on the cake
맛있는 케이크 위의 예쁜 장식
icing은 케이크 등의 표면에 바르는 설탕 코팅(糖衣). 계란 흰자와 설탕으로
만들며, 장식적인 효과와 함께 촉촉함을 유지, 건조를 방지하는 기능을 함.

14 소탐대실 小貪大失
Penny wise and pound foolish
한 푼 아끼려다 열 냥 잃는다
페니(penny)는 영국에서 1971년까지 사용된 작은 화폐 단위이며
100펜스(pence, 페니의 복수형)가 1파운드(pound)임.

15 약육강식 弱肉强食
The law of the jungle
정글의 법칙

16 역지사지 易地思之
Put yourself in my shoes.
내 입장이 되어 봐
서양에서 신발은 자기 자신이나 신분을 증명하는 도구, 자신을 담는 그릇
같은 것으로 생각되어 왔다.

17 오리무중 五里霧中
In a fog
안개 속

18 외유내강 外柔內剛
An iron fist in velvet glove
부드러운 비단장갑 속의 강철 손

19 유비무환 有備無患
Cover all the bases
모든 루(壘)를 장악하다
야구경기에서 수비 팀은 진루해 있는 상대 팀 모든 주자를 신경 써야
한다.

20 인과응보 因果應報
Poetic justice
시적인 정의(당연한 것으로 여겨지는 인과응보)
17세기 후반 영국의 문학비평가 토머스 라이머가 쓴 말로 시(연극까지 포함)에 등장하는 여러 인물들의 선행이나 악행에 비례하여 마지막 장면에 속세의 상과 벌을 내리는 것을 가리킨다.

21 일석이조 一石二鳥
Killing two birds with one stone

22 일취월장 日就月將
Make great strides
위대한 발걸음들을 만들다

23 일편단심 一片丹心
Single-minded
A single-minded man   대쪽 같은 사람

24 임기응변 臨機應變
Play it by ear
귀로 듣고 바로 연주하다

25 자화자찬 自畵自讚
Blow one's own trumpet
자기 트럼펫으로 자기가 불다

온세상을 울리는 맑고 고운소리

26 조족지혈 鳥足之血
A drop in the ocean
대양(大洋) 위의 물 한 방울

27 **침소봉대 針小棒大**
Make a mountain out of a molehill.
두더지가 파 놓은 흙 두둑으로 산을 만들다

28 **호각지세 互角之勢 / 막상막하 莫上莫下**
백중지세 伯仲之勢 / 난형난제 難兄難弟
Neck and neck
목과 목
경마에서 두 마리의 말이 서로 목을 나란히 하여 달릴 정도로 실력이
엇비슷함.

29 **화중지병 畵中之餠**
A pie in the sky
하늘 위의 파이

원어민이 가장 즐겨 쓰는
영어관용표현 200
초판 1쇄 펴냄 2019년 4월 10일

지은이 박은철

펴낸이 고영은 박미숙
외부교정 신혜옥 ㅣ 본문디자인 디자인서가
마케팅 오상욱, 선민영 ㅣ 디자인 이기희 김효진 ㅣ 경영지원 김은주

펴낸곳 뜨인돌출판(주) ㅣ 출판등록 1994.10.11.(제406-251002011000185호)
주소 10881 경기도 파주시 회동길 337-9
홈페이지 www.ddstone.com ㅣ 블로그 blog.naver.com/ddstone1994
페이스북 www.facebook.com/ddstone1994 ㅣ 노빈손 www.nobinson.com
대표전화 02-337-5252 ㅣ 팩스 031-947-5868

ⓒ 2019 박은철

ISBN 978-89-5807-713-8 13740
이 도서의 국립중앙도서관 출판예정도서목록(CIP)은 서지정보유통지원시스템
홈페이지(http://seoji.nl.go.kr)와 국가자료종합목록시스템(http://www.nl.go.kr/
kolisnet)에서 이용하실 수 있습니다. (CIP제어번호: CIP2019011519)